CATALOGUE

DES LIVRES

DE M. B***.

Dont la Vente ſe fera au plus offrant
& dernier enchériſſeur, rue Pavée
S. André, la premiere porte cochere
à droite en entrant par le Quai des
Auguſtins.

Chez J. B. G. MUSIER Fils, Libraire, Quai
des Auguſtins, au coin de la rue Pavée.

M. DCC. LXIX.

TABLE
DES DIVISIONS.

THEOLOGIE.

a ij

POETES FRANÇOIS.

MYTHOLOGIE.

PHILOLOGIE.

HISTOIRE.

HISTOIRE ECCLÉSIATIQUE.

HISTOIRE PROFANE.

HISTOIRE DE FRANCE.

PARALIPOMENES HISTORIQUES.

CATALOGUE

CATALOGUE
DES LIVRES
DU CABINET DE M. B**.

THEOLOGIE.

ÉCRITURE-SAINTE.
TEXTES, VERSIONS, HISTOIRES ET FIGURES
DE LA BIBLE.

1 La Bible traduite en françois avec le sens littéral & spirituel par Isaac le Maître de Sacy. *Bruxelle,* 1692. 42 *volumes in-12.*

2 La même. *Paris,* 1714. 4 *vol. in-folio.*

3 Sainte Bible trad. avec des notes, par le P. Carrieres. *Paris,* 1750. 6 *vol. in-4.*

4 Bible (de le Gros). *Colog.* 1739. *in-12.*

5 Abrégé de l'Histoire & de la Morale de l'Ancien Testament (par Mesanguy), avec des réflexions. *Paris,* 1735 & suivant. 10 *vol. in-12.*

6 Le même Abrégé. *Par.* 1728. 1 *vol. in-12.*

7 Le Pseautier, à trois colonnes, latin, françois & réflexions. *Par.* 1712. *in-8.*

A

8 Sette falmi della penitentia di David, di Aretino. *in-8.* *colle figure delle fette pecati mortali, di Callot, e altre figure. vol. in-8.*

9 Analyfe des Proverbes & de l'Eccléfiafté de Salomon. *Paris*, 1702. *in-12.*

10 Nouveau Teftament par Godeau. *Par.* 1672. 2 *vol. in-12.*

11 Le Nouveau Teftament, trad. franç. (de MM. Ant. le Maître, Ant. Arnauld. P. Nicolle, Sacy. Pontchafteau, St. Marthe). *Mons*, 1668. 2 *vol. in-12.*

12 Le même. *Mons* 1677. 2 *vol. in-8.*

13 Nouveau Teftament par Amelote. *Paris*, 1688. 2 *vol. in-4.*

14 Projet d'une nouvelle verfion françoife de la Bible, par Charles le Cene. *Amft.* 1696. *in-8.*

15 La Sainte Bible qui contient le Vieux & le Nouveau Teftament, Édition nouvelle, faite fur la verfion de Geneve, par S. Defmarets. *Amfterd.* 1669. 2 *vol. in-folio.* grand pap.

16 Bible &c. trad. par David Martin. 2 *vol. in-4.* gr. papier.

17 N. Teftament avec des remarques, par Jean le Clerc. *Amft.* 1703. *vol. in-4.*

18 N. Teftament trad. avec des remarques, par Beaufobre & l'Enfant. *Amft.* 1741. 2 *vol. in-4.*

19 Théologie de l'Ecriture Sainte, ou la fcience du falut, comprife dans une collection de paffages du Vieux & N. Teftament. *La Haye*, 1752. 2 *volumes in-8.*

20 Tableaux du Vieux & du Nouveau Teftament, repréfentés en 150 figures. *Amft. in-4.* grand pap.

21 Hiftoire du vieux & du nouveau Teftament, par Royaumont. *Bruxelles*, 1727. *in-8.*

22 Hiftoires & figures de la Bible, par de Royaumont (de Sacy). *Vienne*, 1762. *in-8. fig.*

23 Tableaux facrés de la vie, doctrine, miracles, mort & réfurrection de J. C. avec des réflexions morales. *Par.* 1676. *in-4.* grand pap.

24 Hy. Natalis meditationes in evangelia. *Antuerpiæ*, 1514. *in-fol. fig.*

25 Lá Meffe, ou repréfentation en figures de tous

les myfteres de la paffion. *Paris*, 1 *vol. in*-12.

26 Méditations fur la concorde de l'Evangile , avec le texte de la concorde des quatre Evangeliftes ; par le Gros. *Par.* 1723. 3. *vol. in*-12.

INTERPRETES ET COMMENTATEURS.

27 Introduction à l'Ecriture Sainte, traduction du latin , du P. Lamy. *Lyon*, 1693. *in*-12.

28 Regles pour l'intelligence des Saintes Ecritures , par Duguet. *Par.* 1716. *in*-12.

29 Réfutation du livre des Regles pour l'intelligence, &c. *Par.* 1727. *in*-12.

30 Lettre d'un Prieur à un de fes amis au fujet de la nouvelle réfutation du Livre des Regles pour l'intelligence des Saintes Ecritures. *Par.* 1727. *in*-12. broché.

31 Difcours Théologiques & Moraux fur la Bible , par Saurin. *Amft.* 1720. 12 *vol. in*-8.

32 Explication de divers textes difficiles de l'Ecriture , par Dom Jacques-Martin. *Par.* 1730., 2 *tomes*. 1 *vol. in*-4.

33 Explication de la Genèfe, par Duguet. *Par.* 1732. 6 *vol. in*-12.

34 Explication littérale de l'Ouvrage de fix jours. *Par.* 1731. *in*-12.

35 Hiftoire générale du monde , & de la nature , ou Traité Théologique de la fabrique , compofition & conduite de l'univers , trad. de l'Efpagnol de Valderama , par de la Richardiere. *Par.* 1619. 2 *vol. in*-8.

36 Pféaumes de David, des PP. Loriot & Quefnel. *Par.* 1700 3 *in*-12.

37 Explication du Livre de Job , par Duguet. *Par.* 1732. 4 *vol. in*-12.

38 La Morale de Salomon paraphrafée en François par Eléonor de Rohan. *Par.* 1691. *in*-12.

39 Paraphrafe fur le Livre de l'Ecléfiafte , par Morillon. *Par.* 1670. *in*-12.

40 Explication hiftorique de Jofeph , &c. 1728. *in*-12.

41 N. Teftament de J. C. avec des réflexions , approuvées par M. de Noailles. *Par.* 1705. 4 *vol. in*-12.

42 Penſées de Mallemans ſur le ſens des 18 premiers verſets de l'Evangile de Saint Jean. *Par.*, 1718. *in-12.*

43 Inſtructions ſur la verſion du nouveau Teſtament, imprimé à Trevoux, par Boſſuet. 1702. *in-12.*

44 L'Apocalypſe avec une explication par le même. *Paris*, 1689. *in-8.*

CRITIQUES SACRÉS.

45 Traité de la vérité & de l'inſpiration des livres du vieux & nouveau Teſtament, par Jacquelot. *Rotterdam*, 1715. *in-12.*

46 Traité de la Religion révelée, où l'on prouve que les livres du vieux & nouveau Teſtament, ſont d'inſpiration divine. Par David Martin, de la Religion naturelle, par le même. *Amſt.* 1723. 2 *vol. in-8.*

47 Conjectures ſur les Mémoires dont il paroît que Moyſe s'eſt ſervi pour compoſer la Genéſe. *Brux.* 1753. *in-12.*

48 La Vulgate authentique dans tout ſon texte. Plus authentique que le texte Hebreu, & que le texte Grec, par Ch. Joſ. Frevier. 1753. *in-12.*

49 Obſervations générales ſur le Texte. *Avignon.* 1733. *in-12.*

50 Hiſtoire critique du vieux Teſtament, par Richard-Simon. *Amſt.* 1680. *in-4.*

51 Sentimens de quelques Théologiens d'Hollande ſur l'Hiſtoire critique du vieux Teſtament, par R. Simon. *Amſt.* 1685 *in-12.*

52 Défenſe des ſentimens de quelques Théologiens d'Hollande, ſur la critique du vieux Teſtament. *Amſt. in-12.*

53 Hiſtoire critique du Texte du nouveau Teſtament, par Richard Simon. *Rotterd.* 1689. 1 *vol. in-4.*

54 Examen de l'Hiſtoire critique du nouveau Teſtament. *Amſt.* 1696. *in-12.*

55 Hiſtoire du nouveau Teſtament, avec des Reflexions théologiques, critiques, &c. par Macot *Par.* 1712. *in-8.*

56 Dictionnaire Théologique, Hiſtorique Critique & Moral de la Bible. *Par.* 1759. 2 *vol. in-8.*

57 Dictionnaire de la Bible, par Simon, nouvelle édition refondue & augmentée. *Lyon.* 2 *vol. in-fol.*

58 De la situation du Paradis-Terrestre, par D. Huet. *Par.* 1691. *in-12.*

59 Traité Historique de la derniere Pâque des Juifs par Ber. Lamy. *Paris*, 1693. *in-12.*

60 Cérémonies & Coutumes qui s'observent aujourd'hui parmi les Juifs, traduit de l'Italien de Leon de Modene, avec le supplément & la comparaison des Cérémonies des Juifs & de la discipline de l'Eglise. (Par Richard Simon) *La Haye*, 1682. *in-12.*

61 Examen du sentiment des Peres & des anciens Juifs, sur la durée des siecles. *Paris*, 1739. Suite de la défense du sentiment des Peres sur le retour futur d'Elie, (ou réponse au livre précédent) 1740 1 *vol. in-12.*

L I T U R G I E.

62 Dissertation sur les mots de Messe & de Communion, par Claude de Vert. *Paris*, 1694. *in-12.*

63 Excellence de la premiere Messe, instituée par J. C. avec ses Apôtres, par Jacques Dillaire. *Paris*, 1619. *in-12.*

64 De la Messe & de l'Office divin, par Grancolas. *Par.* 1713. *in-12.*

65 Explication des Prieres & Cérémonies de la Messe. *Paris*, 1716. *in-12.*

66 Cérémonies de l'Eglise, par de Vert. *Paris*, 1706. 2 *vol. in-8.*

67 Voyage Liturgique de France, &c. Par de Moleon. *Paris*, 1718. *in-8. fig.*

68 L'Année Chrétienne, contenant les Messes des Dimanches & Fêtes de toute l'année, avec l'explication des Epitres & Evangiles, par le Tourneux. *Brux.* 1693. 11 *vol. in-12.*

69 Epitres & Evangiles pour toute l'année, par Quesnel *Paris*, 1705. 3 *vol. in-12.*

70 Epitres & Evangiles pour toute l'année, avec des explications. *Orléans*, 1710. 2 *vol. in-12.*

71 Epitres & Evangiles pour tous les Dimanches & Fê-

de l'année, avec des réflexions tirées des SS. Peres.
Par. 1726. 2 vol. in-12.

72 Inftructions Chrétiennes & Prieres à Dieu fur les
Epitres & Evangiles de tous les jours de l'année. *Par.*
1716. *in-12.*

73 L'Office de la femaine Sainte, à l'ufage de Rome,
de la traduction de l'Abbé de Marolles. *Par.* 1616.
in-12.

74 Office de la femaine Sainte, Lat. Franç. à l'ufage
de Rome & de Paris. *Par.* 1726. *in-12.*

75 Enchiridion Leonis Papæ Carolo Magno munus da-
tum. *Roma,* 1660. *in-24.*

CONCILES.

76 Dictionnaire des Conciles, Somme des Conciles
généraux, nationaux, provinciaux, collection des
canons, &c. *Par.* 1764 *in-8.*

77 Avis des Cenfeurs nommés par le Parlement, pour
l'examen de la collection des Conciles du P. Hardouin. *Utrecht,* 1751. 1 *vol. in-4.*

SS. PERES.

78 Ouvrages des SS. Peres qui ont vécu du tems des
Apôtres. *Par.* 1717. *in-12.*

79 La Morale des Peres, par Barbeyrac. *Amfter.* 1728.
1 *vol. in-4.*

80 Apologie de la vie Religieufe par S. Jean-Chrifof-
tome, trad. par le Duc. *Beauvais,* 1693. *in-12.*

81 Catéchefes de S. Cirille, avec des Differtations, par
Grancolas. *Par.* 1715. *in-4.*

82 Traité d'Origenes contre Celfe, ou défenfe de la
Religion Chrétienne, trad. par Bouhereau. *Amfterd.*
1700. *in-4.*

83 Tertulien du Manteau, trad. *Par.* 1665. *in-12.*

84 Motifs de la converfion de Saint Auguftin. *Paris*
1685. *in-12.*

85 Confeffions de S. Auguftin, trad. par Arnauld d'Andilly. *Par.* 1717. *in-12.*

86 La Cité de Dieu, trad. de S. Auguftin, par Gentian Hervet. *Par.* 1601. 2 *vol. in-8.*

87 La même, traduite par Lombert. *Amſterdam*, 1737. 4 *vol. in-12.*

88 Saint Auguftin, de l'ouvrage des Moines, trad. par Camus. *Rouen.* 1633. *in-8.*

89 S. Auguftin, de la prédeſtination & du don de la perſévérance. *Par.* 1725. *in-12.*

90 S. Auguftin de la véritable Religion, des Mœurs de l'Eglife Catholique, trad. par du Bois. *Paris*, 1690. *vol. in-8.*

91 S. Bernard de la Confidération, & traités doctrinaux, trad. par Ant. de S. Gabriel. *Par.* 1672 & 1675. 2 *vol. in-8.*

92 Les Œuvres de S. Cyprien. par Lombert. *Rouen*, 1716. *in-4.*

93 Traité des Vanités du fiecle, trad. de S. Jerome, par Dom Jean Martianay. *Par.* 1715. *in-12.*

94 Lettres de S. Jerome, trad. *Paris*, 1702. *in-8.*

DE DIEU, DE SES ATTRIBUTS ET PERFECTIONS.

95 Dictionnaire Théologique, contenant l'expofition, les preuves de la révélation, les dogmes de la foi, de la morale, de points de controverfes, & les opinions des Théologiens fcolaſtiques. *P.* 1767. 1 *v. in-8.*

96 Differtation fur l'exiſtence de Dieu, par Jacquelot. *La Haye*, 1697. 1 *vol. in-4.*

97 De la connoiffance de Dieu, par Ferrand. *Paris*, 1706. *in-12.*

98 Quatre Dialogues fur l'immortalité de l'Ame, l'exiſtence de Dieu, la Providence & la Religion, par MM. de Choify & Dangeau. *Par.* 1684. *vol. in-12.*

99 Syſtême de la Morale de S. Paul, & de fa Théologie fur J. C. *Londres*, 1726. 1 *vol. in-8.*

100 Altération du Dogme Théologique, par la Philofophie d'Ariſtote, ou Fauſſes idées des Scholaſtiques fur toutes les matieres de la Religion, par Faydit, 1696. *in-12.*

101 Réfutation du Livre précédent, par Hugo. *Hambourg*, 1699. *in-8.*

102 Apologie du Syftême des faints Peres fur la Trinité,
ou les Héréfies d'Etienne Nye & Jean le Clerc ré-
futées dans la Réponfe de l'Abbé Faydit au R. P.
Hugo. *Nancy*, 1702, *in-12*.

103 La Religion du Latitudinaire, avec l'Apologie
pour la fainte Trinité, par Jurieu. *Roterdam*, 1696.
in-8.

104 Differtation fur le Meffie, par Jacquelot. *La
Haye*, 1699. *in-8*.

105 L'Œconomie divine ou Syftême univerfel démon-
tré des œuvres & deffeins de Dieu envers les hommes. *Amfterdam*, 1687. 7 *vol. in-12*.

106 Théologie Phyfique, ou Démonftration de l'exiftence de Dieu, par les œuvres de la Création, traduit de l'Anglois de Guil. Derham. *Roterd.* 1726.
2 *vol. in-8*.

107 Théologie Aftronomique ou Démonftration de
l'Exiftence & des Attributs de Dieu, par l'examen
& la defcription des Cieux. *Paris*, 1729. *in-8*.

108 Théologie de l'Eau, ou Effai fur la bonté, la
fageffe & la puiffance de Dieu, dans la création de
l'eau, traduit de l'Allemand de Albert Fabricius. *La
Haye*, 1741. *in-8*.

109 Théologie des Infectes, ou Démonftration des
perfections de Dieu, dans ce qui concerne les infectes, traduit de l'Allemand de Leffer, par Lyonnet.
La Haye, 1742. 2 *vol. in-8*.

110 Traité fur la Providence, par Guil. Scherlock,
La Haye, 1721. *in-8*.

111 Effais de Théodicée fur la bonté de Dieu, la liberté de l'homme & l'origine du mal, traduit de
Leibnitz, par de Joncourt. *Amfterdam*, 1747. 2 *vol.
in-8*.

112

113 Recueil d'objections contre la fouveraine perfection de Dieu, avec les Réponfes, par Naudé. *Amft.*
1709. *in-12*.

114 Les deux Vérités, Dieu & la Providence, par
Silhon. *Paris*, 1626. *in-8*.

115 Effai Philofophique fur la Providence. *Paris*, 1728.
in-12.

DE LA VIERGE, DES SAINTS, DU CULTE, DES CÉRÉ-
MONIES ET SUPERSTITIONS.

116 Abomination des abominations des fauffes dévotions de ce temps injurieufes à Jefus & à Marie. *Paris*, 1632. *in*-8.
117 L'honneur qui doit être rendu à la Vierge, par
Drelincourt, 1645. 4 *vol. in*-8.
118 Néceffité du culte public parmi les Chrétiens;
établi & défendu, par Armand de la Chapelle. *La
Haye*, 1746. *in*-8.
119 Eufebii Romani ad Theophilum Gallum, de cultu
SS. Ignotorum. *Paris*, 1705. *in*-12.
120 Apologie du Banquet fanctifié de la veille des Rois,
par Nicolas Barthelemi. *Paris*, 1664. *in*-12.
121 Difcours Eccléfiaftiques contre le Paganifme des
Rois de la féve & du Roi-boit, par Deflyons. *Paris*, 1664, *in*-12.
122 Recueil de Pieces concernant les différends de MM.
des Miffions étrangeres, & les Jéfuites fur les cérémonies Chinoifes & fur le culte que l'on rend à Confucius, 1700. & *fuiv.* 2 *vol. in*-12.
123 Traité des Superftitions qui regardent les Sacremens, par J. B. Thyers. *Paris*, 1697. 4 *vol. in*-12.
124 Hiftoire des Cérémonies & Superftitions qui fe
font introduites dans l'Eglife. *Amfterdam*, 1717.
Préfervatif contre le changement de Religion, *ibid.*
Ratram ou Bertram, du corps & du fang du Seigneur, *ibid.* 1 *vol. in*-12.
125 Conformités des Cérémonies modernes avec les
anciennes, 1667. *in*-8.
126 Conformités des Cérémonies modernes avec les
anciennes, avec une Lettre fur la même matiere,
par M. Conyers Middleton. *Amft.* 1744. 2 *vol. in*-12.
127 Conformités des Coutumes des Indiens orientaux,
avec celles des Juifs & autres peuples de l'antiquité,
par de la C*** (Créquiniere). *Bruxelles*, 1704.
in-12. *fig.*

DE LA GRÂCE ET DES DISPUTES A CE SUJET.

128 Explication de quatre Paradoxes, qui font en vogue dans notre fiecle, par le R. P. Daniel Concina. *Avign.* 1751. 1 *vol. in*-12. *br.*

129 L'autorité de S. Auguftin touchant la Grace, par Serre. *Paris*, 1698. *in*-8.

130 Défenfe de la Grace efficace, par La Broue. *Paris*, 1730. *in*-12.

131 Traité du Libre-arbitre & de la Concupifcence, par Boffuet. *Paris*, 1731. *in*-12.

132 Tradition de l'Eglife Catholique, fur la doctrine de Janfenius, par Defchamps. *Paris*, 1688. *in*-8.

133 La Morale-pratique du Janfénifme. *Utrecht*, 1698. *in* 12.

134 Les imaginaires, ou Lettres fur l'héréfie imaginaire, par (Nicolle) Damvilliers. *Liege*, 1677. 2 *vol. in*-12.

135 Les mêmes avec le Traité de la Foi humaine. *Cologne*, 1683. *in*-8.

136 Hiftoire du Cas de Confcience, &c. *Nancy*, 1705. 8 *vol. in*-12.

137 Apologie de Nicole fur fon refus de s'unir avec M. Arnauld. *Amfterd.* 1734. *in*-12.

138 Décifion de Clément XI, avec des remarques, 1 *vol. in*-12.

139 Réflexions défintéreffées fur le même fujet, l'unité, la vifibilité, l'autorité & la vérité de l'Eglife renverfées. *Amfterd.* 1715. *in*-8.

140 Renverfement des Libertés Gallicannes, 1716. 2 *vol. in*-12.

141 Rétabliffement des Libertés de l'Eglife Gallicane, 1716. *in*-12.

142 Plainte & proteftation du Pere Quefnel, 1715. *in*-12.

143 Défenfe de la Conftitution de Clément XI, par Pelletier. *Lyon*, 1715. *in*-12.

144 Entretiens. (du Pere Lallemand Jéfuite) 3 *vol. in*-12.

145 Cartouche ou le Scélérat fans reproche, par la Grace du Pere Quefnel. *Cracovie*, 1731. *in*-12.

146 Témoignage de la vérité dans l'Eglise , 1714. *in-*12.

147 Examen du témoignage de la verité dans l'Eglise. *Paris ,* 1715. *in-*12. *br.*

148 Traité Théologique & Philosophique de la vérité. *Utrecht ,* 1731. *in-*12.

149 Principes de conduite dans la défense de la vérité, par Hamon, 1734. *in-*12.

150 La Vérité persécutée. *La Haye ,* 1733. 2 *vol. in-*12.

151 La Vérité rendue sensible, 1724. *in-*12.

152 Les six colonnes. *Amsterd.* 1717. *in-*8.

153 Parallele de la Doctrine condamnée, avec celle des Ecrivains sacrés. *Utrecht ,* 1737. 1 *vol. in-*8.

De l'Homme, du Péché originel , de la Mort, du Jugement dernier et de l'Enfer.

154 Tradition de l'Eglise sur le péché originel, & à reprobation des enfans morts sans Baptême. *Paris ,* 1698. *in-*12.

155 Questions importantes si la réparation du péché originel doit être générale ou non , 1719.
Le Prédestinianisme sappé par ses fondements , *in-*12.

~~156 Etat de l'homme dans le péché originel.~~ *Holl.* 1714. *in-*8.

157 De l'état de l'homme après le péché , & de sa prédestination au Salut. *Amst.* 1684. *in-*12.

158 Les quatre fins de l'Homme, par Nicole. *Paris ,* 1730. *in-*12.

159 L'état des morts & des ressuscitans, trad. de Burnet, par Jean Bion. *Rotterd.* 1731. *in-*12.

160 De la mort, trad. de l'Angl. de Guil. Sherlock, par David Mazel. *Amst.* 1712. *in-*8.

161 Du Jugement dernier , trad. de l'Anglois de Guil. Sherlock, par Mazel. *Amsterd.* 1712. *in-*8.

162 Consolation contre les frayeurs de la mort, exercice pour s'y préparer , &c. *Paris ,* 1704. *in-*12.

163 De l'immortalité de l'ame & de la vie éternelle, par Guil. Scherlock, trad. de l'Anglois *Amsterdam ,* 1708. *in-*8.

164 De l'état des morts & des reſſuſcitans , traduit de l'Allemand de Tho. Burnet , par J. Bion. *Roterd.* 1731. *in-*12.

165 Eſſai ſur la Providence & la poſſibilité phyſique de la réſurrection. *La Haye* , 1719. *in-*12.

166 L'advocat des ames du Purgatoire , par le Pere Bonnyers. *Lille* . 1635. *in-*12.

167 De la Félicité de la vie à venir & des moyens pour y parvenir, traduit de l'Anglois. *Amſterdam* , 1700. *in-*12.

168 L'état des Ames ſéparées des corps , par F. Placette. *Paris* , 1670. 1 *vol. in-*12.

169 Recherches ſur la nature du feu de l'Enfer, & du lieu où il eſt ſitué, trad. de l'Anglois de Swinden , par Bion. *Amſterdam* , 1728. *in-*8.

170 Le Déſabuſement de la fin du monde , & Conſommation des ſiecles & du jour du Jugement. 1 *v. in-*12.

THÉOLOGIE MORALE, DES VERTUS ET DES ÉTATS DE PERFECTIONS.

171 Théologie morale , ou Réſolutions des Cas de conſcience, par Camus , dite Théologie de Grenoble. *Paris* , 1715. 8 *vol. in-*12.

172 Démonſtration ou Preuves évidentes de la vérité & ſainteté de la morale Chrétienne , par Lami. *Paris* , 1709. 5 *vol. in-*12.

173 Dogmes orthodoxes ou Sentimens de Théologie morale , par Sergé. *Paris* , 1700. *in-*12.

174 Néceſſité de la foi en J. C. pour être ſauvé. *Paris* , 1701. 2 *vol. in-*12.

175 Principes de la foi Chrétienne, par Duguet. *Paris* , 1736. 3 *vol. in-*12.

176 De l'altération de la foi & de l'abaiſſement de la raiſon en la créance des myſteres de la Religion, par Moyſe Amyrault. *Saumur* , 1641. *in-*8.

177 Traité de la Foi divine, par La Placette. *Amſterdam* , 1697. *in-*12.

178 Conformité de la Foi avec la raiſon, par Jacquelot. *Amſterdam* , 1705. 1 *vol. in-*12.

179 Le vrai ſyſtême de l'Egliſe & la véritable ana-

lyſe de la Foi, par Jurieu. *Dordrecht*, 1686. *in-8.*

180 Vérités principales de la Foi, par L. Abelly. *Rouen*, 1688. *in-12.*

181 Traité de la raiſon humaine, traduit de l'Anglois. *Amſterdam*, *in-12.*

182 La raiſon ſoumiſe à l'autorité, en matiere de Foi. *Paris*, 1742. *in-12.*

183 La plus ſolide, la plus néceſſaire & la plus négligée de toutes les dévotions, (l'amour de Dieu,) par Thyers. *Paris*, 1702. 2 *vol. in-12.*

184 L'amour pénitent, de la néceſſité & des conditions de l'amour de Dieu, trad. de l'Evêque de Caſtorie. *Utrecht*, 1741. 3 *vol. in-12.*

185 La Religion de S. Paul, ou idée que cet Apôtre nous donne de la Religion qu'il croit & qu'il profeſſe, trad. de l'Anglois. *Londres*, 1723. *in-8.*

186 Caracteres que S. Paul donne à la Charité. *Paris*, 1727. *in-12.*

187 Perfection du Chrétien, par le cardinal de Richelieu, *in-12.*

188 De la Source de la corruption qui regne aujourd'hui parmi les Chrétiens. *Amſterdam*, 1709. 2 *tom.* 1 *vol. in-12.*

189 Régles Chrétiennes pour faire ſaintement toutes ſes actions. *Paris*, 1716. *in-12.*

190 Régle des Mœurs, par Gerberon, 1735. *in-12.*

191 Traités ſur des matieres de Conſcience, par La Placette. *Cologne*, 1697. *in-12.*

192 Penſées de morale, par le P. Avrillon. *Paris*, 1741. *in-12.*

193 Le Miroir qui ne flatte point. *Paris*, 1710. 1 *vol. in-12.*

194 Traité des Uſures, 1690. *in-12.*

195 De l'Uſure, intérêt & profit que l'on tire du Prêt ou l'ancienne doctrine ſur le Prêt. *Paris*, 1710, *in-12.*

196 De l'Uſure ou l'ancienne doctrine ſur le Prêt uſuraire oppoſée aux nouvelles opinions. *Paris*, 1710. *in-12.*

197 P. Nicolle : Traité de l'Uſure. *Paris*, 1720. *in-12.*

198 Differtations Théologiques fur les Loteries, 1742. *in-12.*

199 De la Vérité & du Menfonge, du Jurement & du Parjure, par Louis Thomaffin. *Paris*, 1693. *in-8.*

200 Décifion de la Sorbonne fur la Comédie. *Paris*, 1694. *in-12.*

201 Maximes & Réflexions fur la Comédie, par Boffuet. *Paris*, 1728. *in-12.*

202 Difcours fur la Comédie, Traité hiftorique dogmatique des jeux de théatre, par le P. Le Brun. *Paris*, 1731. *in-12.*

203 De l'abus des nudités de gorge. *in-12.*

204 Traité contre le luxe des coëfures. *Paris*, 1694, *in-12.*

205 De la Vocation Chrétienne des enfans. *Paris*, *in-12.*

206 Traité de la Virginité. *Paris*, 1699. *in-8.*

207 Obligation des Eccléfiaftiques. *Rouen*, 1680. 1 *vol. in-12.*

208 Vies des gens mariés, par Villethyerry. *Paris*, 1708. *in-12.*

209 La Gallerie des femmes fortes, par le P. Lemoine. *Paris*, 1660. *in-12.*

210 Vie des Veuves, devoirs & obligations des Veuves Chrétiennes, par de Villethyerry. *Paris*, *in-12.*

211 Hiftoires choifies ou Livre d'exemples tirés de l'Ecriture, des Peres, &c. *Paris*, 1722. *in-12.*

DES SACREMENS.

212 Inftructions fur les Sacremens en général, & chacun en particulier. *Paris*, 1727. 2 *vol. in-12.*

213 Inftruction Théologique & morale fur les Sacremens, par Nicole. *Paris*, 1708. 2 *vol. in-12.*

214 Manuel des Pafteurs, pour l'adminiftration des Sacremens, par Dinouart. *Lyon*, 1768. 3 *vol. in-12.*

215 Directeur des Confeffeurs en forme de Catéchifme, par Bertaut. *Paris*, 1690. *in-12.*

216 Idée de la Converfion du Pécheur, ou qualité d'une vraie pénitence, 1733. *in-12.*

217 Evénemens extraordinaires touchant la Confeſſion mal-faite, trad. de Chriſ. de la Vega. *Paris*, 1669. *in-12.*

218 Directeur des Conſciences ſcrupuleuſes, par Colomban Gillotte. *Paris*, 1697. *in-12.*

219 Traité de la Conſcience, ſes illuſions, ſes craintes, ſes ſcrupules, ſa paix, &c. par Baſnage. *Amſterd.* 1696. 2 *vol. in-12.*

220 Traité des Scrupules, par Duguet. *Paris*, 1718. *in-12.*

221 Inſtruction Chrétienne ſur l'Euchariſtie. *Paris*, 1702. *in-12.*

222 Réfléxions des ſaints Peres ſur l'Euchariſtie. *Paris*, 1693. *in-12.*

223 Diſſertation Théologique & Dogmatique ſur le Baptême, l'Euchariſtie, l'Uſure, par Duguet. *Paris*, 1727. *in-12.*

224 Uſage des Sacremens de Pénitence & d'Euchariſtie. *Paris*, 1728. *in-12.*

225 La Tradition de l'Egliſe ſur la Pénitence & l'Euchariſtie, par Ant. Arnauld. *Bruxelles*, 1714. 1 *vol. in-8.*

226 De la perpétuité de la Foi de l'Egliſe Catholique, touchant l'Euchariſtie, par Arnauld, *in-12.*

226 * La même. *Paris*, *in-4.*

227 Réponſe au Livre de la perpétuité de la Foi, par Claude, 1671. 3 *vol. in-12.*

228 La fréquente Communion, par Antoine Arnauld. *Paris*, 1694. *in-4*

229 Lettres d'Euſebe à Polemarque ſur le Livre de la fréquente Communion: *Paris*, 1644. *in-4.*

~~230 L'Eſprit de J. Ch. ſur la fréquente Communion,~~ par Pichon. *Liege*, 1747. *in-12.*

231 Recueil complet des ouvrages pour & contre la validité des ordinations Anglicannes, par Tournemine Courrayer, Le Quien, Fennel, Hardouin, Théodore Réné. *Paris, Anvers, Brux.* en diverſes années. 10 *vol. in-12 & in-8.*

Morale relachée des N. Casuites.

232 Théologie Morale des Jéfuites & des nouveaux Cafuiftes. *Col.* 1699. 3 *vol. in-*12.

233 Réfolutions de plufieurs cas de confcience, touchant la Morale & la Difcipline de l'Eglife, par Jac. de Sainte Beuve. *Paris*, 1715. 3 *vol. in-*8.

234 Abrégé du Dictionnaire des cas de confcience de Pontas, par Collet. *Paris*, 1762. 2 *vol. in-*4.

235 Réponfe au Libelle intitulé la Théologie Morale des Jéfuites, par Cauflin. *Paris*, 1694. *in-*12.

236 La Morale Pratique des Jéfuites. *Cologne*, 1683, 8 *vol. in-*12.

237 Lettres Provinciales de Louis de Montalte (Blaife Pafcal:) fur la Morale des Jéfuites. *Cologne*, 1666. *in-*12.

238 Les mêmes avec les notes de Guil. Wendrock (P. Nicolle) *Col.* 1700. 2 *vol. in-*12.

239 Les mêmes, nouv. édit. *Amft.* 1734. 4 *vol. in-*8.

240 Entretiens de Cléandre & d'Eudoxe fur les Lettres Provinciales (ou Réponfes à ces lettres, par le R. P. Daniel) *Col.* 1694. *in-*12.

241 Apologie des Lettres Provinciales contre la derniere Réponfe des Jéfuites. *Delff.* 1697. 2 *vol. in-*12.

242 La Religion des Jéfuites, ou Réflexions fur les Infcriptions du P. Méneftrier, & les écrits du P. le Tellier, &c. *La Haye*, 1689. *in-*12.

243 Parallele de la Doctrine des Payens, avec celle des Jéfuites... 1726. 1 *vol. in-*8.

244 Juftification de la Morale & de la Difcipline de Rome, par Mathieu Petit Didier. *Eftival.* 1727. *in-*12.

245 La vérité défendue pour la Religion Catholique, en la caufe des Jéfuites, contre Ant. Arnaud, par Defmontaignes. *Liege*, 1596. *in-*12.

246 Jugement & Cenfure de la Doctrine curieufe de Garaffe. *Paris*, 1623. *in-*8.

247 Extraits des Affertions dangereufes & pernicieufes en tout genre, des foi-difant Jéfuites, &c. *Paris*, 1762. *in-*4. Les paffages Latins ont été traduits MSS.

CATECHISTES

CATÉCHISTES, SERMONAIRES ET CONTROVERSISTES.

248 Dict. servant de Bibliotheque universelle , ou Recueil succint de toutes les plus belles matieres de Théologie , &c. par Paul Boyer. *Par.* 1649. *in-fol.*

249 La Science universelle de la chaire , ou Dictionnaire moral. *Par.* 1708. 5 *vol. in-8.*

250 Catéchisme de Nantes , par Mesnard. *Nantes ,* 1723. *in-*12.

251 Catéchisme Théologique , par L. P. Grégoire. *Lyon ,* 1698. *in* 12.

252 Catéchisme de Montpellier. *.Paris ,* 1710. 1 *vol. in-*4.

253 Le même. *Paris ,* 1728. 3 *vol. in-*12.

254 Instruction en forme de Catéchisme , sur les promesses faites à l'Eglise. *Utrecht.* 1733. *in-*12. *broc.*

255 Catéchisme sur l'Eglise , pour les temps de trouble. 1737. *in-*12.

256 Joan Raulin : Sermones de adventu , Itinerarium Paradisi. 2 *vol. in-*8. gothique.

257 Guiel. Pepin , Sermones Dominicales , de Adventu , Quadragesimales , de Imitatione sanctorum , de destructione Ninivæ , Rosarium mysticum. *Parisiis ,* 6 *v. in-*8. gothique.

258 Sermons du P. Bourdaloue. *Paris ,* Rigaud. 1707. 16 *vol. in-*8.

259 Sermons du P. D. T. P. D. L. O. du Treul. Prêtre de l'Oratoire. *Lyon ,* 1750 2 *vol. in* 12.

260 Sermons du P. Jard. *Paris ,* 1768. 5 *vol. in-*12.

261 Sermons de Laffitau. *Lyon ,* 1758. 4 *vol. in-*12.

262 Sermons du P. la Rue , donnés par le R. P. Bretonneau. *Paris ,* 1719 4 *vol. in-*8.

263 Sermons & autres Œuvres de Massillon. *Paris ,* 1724 & suiv. 16 *vol. in-*12. maroq.

264 Sermons de Dom Regnier. *Lyon ,* 1762. 3 *v. in-*12.

266 Discours de piété sur les plus importans objets de la Religion , par Pacaut. *Par.* 1751. 3 *vol. in-*12.

267 Sermons de Segaud. *Par.* 1767. 6 *vol. in-*12.

268 Sermons du P. Terasson. *Paris ,* 4 *vol. in-*12.

269 Sermons de l'Abbé Torné. *Par.* 1765. 3 *vol. in-*12.

270 Sermons & Panégiriques de Jacques Abbadie, ſes Lettres, & un abrégé de ſa vie. *Amſterdam*, 1760. 3 *vol. in-8.*

271 Sermons ſur divers Textes de l'Ecriture Sainte, par Beauſobre. *Lauſanne*, 4 *vol. in-8.*

272 Sermons ſur divers textes de l'Ecriture, par Beſſonnet. *Geneve*, 1738. *in-8.*

273 Sermons de Bouillier. *Amſt.* 1748. *in-8.*

274 Sermons ſur pluſieurs textes de l'Ecriture Sainte, par Samuel de la Doueſpe. *La Haye*, 1752. *in-8.*

275 Sermons de François-Louis Faigaux, *La Haye*, 1742. *in-8.*

276 Sermons de Saurin. *La Haye*, 1749. 12 *vol. in-8.* doré ſur tranche.

277 Inſtruction pour les nouveaux Catholiques, par le R. P. Doucin *Par*. 1636. *in-12.*

278 Monuments authentiques de la Religion des Grecs, & la fauſſeté de pluſieurs confeſſions de foi des Chrétiens-Orientaux. *La Haye*, 1707. *in-4.*

279 Inſtructions pour les nouveaux Catholiques, par Mgr. l'évêque de Châlons. *Par.* 1686. *in-12.*

280 Préjugés légitimes contre les Calviniſtes, *Paris*, 1672. *in-12.*

281 Traité des Préjugés faux & légitimes, ou Réponſes aux Lettres Paſtorales de quatre Prélats, *Delft*, 1701. 3 *vol. in-12.*

282 Œuvres Poſthumes de Claude. *Amſterdam*. 1688. 5 *vol. in-8.*

283 Dialogues ſur les matieres du tems, ſur la Religion (entre un Catholique & un Réformé) *Amſt.* 1683. *in-12.*

284 La vraie & fauſſe Religion, en forme d'entretiens entre un Religieux & un Proteſtant, par Charles, Piettre de St. Bénoit. *Paris*, 1727. *in-12.*

285 Conformité de la foi avec la raiſon, ou défenſe de la Religion, contre le Diction. de Bayle *Amſt.* 1705. Examen de la Théologie de Bayle, ou défenſe du livre précédent. *Amſt.* 1706. 2 *vol. in-12.*

286 Le Viſionnaire de Rotterdam, ou examen des paralleles miſtiques de Juricu, par Théognoſte de Berée. *Col.* 1686. *in-12.*

MYSTIQUES, ASCETIQUES, AFFECTIONS
RÉFLEXIONS PIEUSES, ET MÉLANGES DE MYSTICITÉ,
AFFAIRE DU QUIESTISME.

287 La Science qui est en Dieu, par Moriniere. *Par.*
1718. *in-12.*

288 Philon : de la Vie contemplative, & Observations
sur les Thérapeutes. *Paris*, 1709. *in-12.*

289 l'Echelle ou les Degrés pour monter au ciel, trad.
de St. Jean Climaque, par Arnaud d'Andilly. *Par.*
1661. *in-12.*

290 Imitation de J. C. trad. par de Beuil. *Paris*, 1690.
in-8.

291 Catéchisme, Traité de l'Oraison, le mémorial, &
l'Addition au Mémorial. La Guide des pécheurs, de
Louis de Grenade, par Girard. *Par.* 1676. 10 *vol.*
in-8.

292 L'Idée du Sacerdoce du Sacrifice de J. C. par de
Condren. *Paris*, 1725. *in-12.*

293 Abrégé des Maximes de la vie spirituelle, trad.
du Latin, de Dom Barthelemi des Martyrs, par Godeau. *Paris*, 1699. *in-12.*

294 Saintes Affections & Amours sacrés de la Vierge,
par de la Serre. 1631. *in-12.*

295 Vrai Miroir de la piété Chrétienne. *Rouen*, 1678.
in-12.

296 Censures faites par plusieurs Evêques, du Miroir de
la piété Chrétienne. 1683. *in-12.*

297 Pelerinage de Colombelle & de Volontairette. *Anv.*
1636. *in-12.* *fig.* de Bolswert.

298 Caractere des vrais Chrétiens. *Paris*, 1693. *in-12.*

299 Œuvres spirituelles de M. Helyot, avec un Abrégé
de sa vie. *Paris*, 1710. *in-8.*

300 Le Pédagogue Chrétien, par Philippe d'Outreman.
Rouen, 1654. *in-4.*

301 Nicolle, Instructions sur le Symbole. *Par.* 1716.
2 *vol.* *in-12.*

302 Traité de la Priere, par le même. *Paris*, 1695.
in-12.

303 Idée véritable de l'Oraison, par la Grange. Par. 1699. *in*-12.

304 De la Priere publique, & des difpofitions pour offrir les SS. Myfteres, par Duguet. *Paris*, 1713. *in*-12.

305 De l'ancienne Coutume de prier & d'adorer debout le jour du Dimanche & les Fêtes, & durant le tems de Pâques. *Liege*, 1700. 2 *vol. in*-12.

306 Inftructions Théologiques & morales, fur l'Oraifon dominicale, par Nicolle. *Par.* 1706. *in*-12.

307 Fleurs de la Solitude Chrétienne, ou Méditations de Louis Abelly. *Par.* 1673. *in*-12.

308 De la Solitude, par Hamon. *Amfterdam*, 1734. *in*-12. *br.*

309 Divers Traités de Piété, de M. Hamon. *Paris*, 1689 & autres années. 5 *vol. in*-8. & *in*-12.

310 Sentimens de Piété. *Paris*, 1715. *in*-12.

311 Traités de Piété, ou Difcours fur divers fujets de la morale Chrétienne, par de St. Marthe. *Par.* 1733. 2 *vol in*-12.

312 Penfées choifies de l'Abbé Boilleau. *Paris*, 1707. *in*-12.

313 Méditations pour les Dimanches & Fêtes de l'année, par Bufée. *Par.* 1665. 2 *vol. in*-12.

314 Méditations fur les vérités de la Religion Chrétienne, par Beuvelet. *Par.* 1752. 5 *vol. in*-12.

315 Inftructions Chrétiennes fur les myfteres de J. C. & les principales Fêtes de l'année, par de Singlin. *Paris*, 1673. 5 *vol. in*-8.

316 Inftructions fur les Myfteres, par Gaudron. *Par.* 1767. 8 *vol. in*-12.

317 Œuvres de Nicole, fes lettres & fa vie. *Par.* 1725 & *fuiv.* 23 *vol. in*-12.

318 Réflexions Chrétiennes & morales, fur les endroits choifis des quatre Evangéliftes & des Actes des Apôtres. *Paris*, 1701. *in*-12.

319 Entretiens fur la fanctification des Dimanches & des Fêtes. *Par.* 1729. *in*-12.

320 L'année Evangélique, par Lambert. *Par.* 1764. 7 *vol. in*-12.

321 Homélies sur les Evangiles, par de Montmorel, Paris, 1750 & suiv. 10 *vol. in*-12.

322 Les petits Prônes, pour les Curés de campagne, par Girard. *Lion*, 1761. 4 *vol. in*-12.

323 Instruction sur le Rituel d'Alet. *Par.* 1670. *in*-12.

324 L'Esprit de l'Eglise, dans l'usage des pseaumes en forme de prieres. *Par.* 1712. 2 *vol. in*-12.

325 Prieres & affections pour le temps de la Messe, *Par.* 1728. *in*-12. *fig.*

326 Tableaux sacrés des figures mystiques de l'Eucharistie, par Richeome. *Par.* 1601. *in*-12. *fig.*

327 Elévations à Dieu, sur tous les mysteres de la Religion Chr. par Bossuet. *Par.* 1727. 2 *vol. in*-12.

328 Prieres Chrétiennes en forme de Méditations sur tous les mysteres de N. S. & de la Vierge, &c. par Quesnel. *Paris*, 1738. *in*-12.

329 Duguet : Sur la Passion de N. S. *Par.* 1728 & *suiv.* 6 *vol. in*-12.

330 Explication du Mystere de la Passion, par l'Abbé Duguet. *Par.* 1733. 14 *vol. in*-12.

331 Reflexions sur la Captivité de Babylone. 1732. 2 *vol. in*-12.

332 Pensées morales, Réflexions Chrétiennes & politiques, tirées des Auteurs Ecclésiastiques, par Doujat. *Par.* 1694. *in*-12.

333 Réflexions sur la miséricorde de Dieu, par une Dame pénitente. *Par.* 1697. *in*-12.

334 Gémissement de la Colombe, opuscule de Belarmin, traduit par le P. Brignon. *Par.* 1701. *in* 12.

335 Eclaircissemens sur quelques ouvrages de Théologie. *Par.* 1722. *in*-12.

336 Lettres d'Arnaud d'Andilly. *Par.* 1689. *in*-12.

337 Lettres sur divers sujets de morale & de piété, par Duguet. *Paris*, 1708. *in*-12.

338 Lettres Chrétiennes & Spirituelles de Jean du Verger de Hauranne, Abbé de S. Cyran. *Paris*, 2 *vol. in*-8.

339 Lettres de Nicole. *Lille*, 1718. 2 *vol. in*-12.

340 Lettres Chrétiennes & Spirituelles de Isaac-Louis le Maître de Sacy. *Paris*, 1690. 2 *vol. in*-8.

341 Lettres de M. J. Charles-Joachim Colbert , Evêque de Montpellier. *Cologne* , 1741. 4 *vol. in-*12.

342 Recueil de Pieces , concernant le Quiétifme , les Quiétiftes ou Molinos. *Amfterdam* , 1688. *in-*12.

343 Explication des Maximes des Saints , fur la vie intérieure , par Fénélon. *Bruxelles* , 1697. *in-*12.

344 Œuvres Spirituelles de François de la Motte Fénélon , 1740. 4 *vol. in-*12.

345 Réponfe aux préjugés décififs pour l'Archevêque de Cambrai , par Boffuet. *Paris* , 1699. 1 *vol. in-*8.

346 Recueil de divers Traités de Théologie myftique , qui entrent dans la difpute du Quiétifme. *Cologne* , 1699. *in-*12.

347 Dialogues poftumes de la Bruyere , fur le Quiétifme. *Paris* , 1699. *in-*12.

348 Traité Hiftorique ; Jugement d'un Proteftant fur la Théologie myftique , le Quiétifme , &c. 1699. *in-*12.

349 La Théologie réelle dite Germanique , & autres Traités de Théologie myftique. *Amft.* 1700. *in-*12.

DE LA VÉRITÉ , GRANDEUR ET EXCELLENCE DE LA RELIGION.

350 De la véritable Religion , par le Vaffor. *Paris* , 1688. *in-*4.

351 Vérité de la Religion Chrétienne , Traité de la Divinité de J. C. par Jacq. Abbadie. *Rotterd.* 1701. 3 *vol. in-*12.

352 Vérité de la Religion Chrétienne , traduit du Latin de Grotius , par de Beauvoir. *Paris* , 1659. *in-*12.

353 Le même traduit par le Jeune. *Amfterdam* , 1728. 1 *vol. in-*12.

354 Les trois Vérités , par Pierre Charron. *Bordeaux* , 1595. *in-*8.

355 Vérités capitales de la Religion , établies par la raifon & l'Ecriture-fainte , par S. Plantier. *Geneve* , 1733. *in-*8.

356 Vérité de la Religion Catholique , par Defmahis ;

& Lettres du même fur le Schifme , la préfence réelle & les Reliques. *Paris*, 1713. 4 *vol. in-12.*

357 Jean Denife : Vérité de la Religion. *Paris*, 1717. 1 *vol. in-12.*

358 Traité de l'excellence de la Religion Chrétienne, avec quatre Difcours, par Jacques Bernard. *Amfterd.* 1732. 2 *vol. in-12.*

359 Union de la Politique & de la morale, extrait de Warburton, par de S.... *Londres*, 1742. 2 *vol. in-12.*

360 Œuvres diverfes, concernant la Religion, par Sam. Verenfels. *Neufchâtel*, 1749. 3 *vol. in-8.*

361 Traité de la Religion Naturelle, ou l'Athée confondu, par Martin. *Amfterd.* 1738. *in-12.*

362 Ebauche de la Religion Naturelle, par Wollafton. *La Haye*, 1756. 3 *vol. in-12.*

363 Examen des fondemens & de la connexion de la Religion naturelle & de la révélée, traduit de l'Anglois de M. Ashley Sykes. *Amfterdam*, 1742. 2 *vol. in-12.*

364 Lettres Flamandes ou Hiftoire des variations & contradictions de la prétendue Religion naturelle. *Lille*, 1752.

L'abondance ou la véritable Pierre philofophale, multiplication des grains, fruits, &c. par Pierre Brodin de la Jutais. *Paris*, 1752.

Réflexions d'un Francifcain, fur l'Encyclopédie, 1752. *in-12.*

365 Ufage & fins de la prophétie, traduit de l'Anglois de Guil. Scherlock, par Abr. Le Moyne. *Amft.* 1733. *in-8.*

366 L'accompliffement des prophéties. *Rotterd.* 1686. *in-12.*

367 Religion Chrétienne, prouvée par les faits, par l'Abbé Houtteville. *Paris*, 1722. *in-4.*

368 La même. *Amfterdam*, 1744. 4 *vol. in-8.*

369 Lettre de M. l'Abbé de (le R. P. Hognan) : fur le Livre de l'Abbé Houtteville. *Paris*, 1722. *in-12.*

370 Traité des Miracles, où l'on prouve que le Diable n'en fauroit faire, par Serces. *Amfterdam*, 1729. *in-8.*

371 La Religion Chrétienne démontrée par la réſurrection de Jeſus-Chriſt, traduit de l'Anglois, par Ditton. *Paris*, 1729. *in-4.*

372 Les Témoins de la Réſurrection de J. C. examinés & jugés ſelon les régles du Barreau, traduit de l'Anglois de Woolſton, par Abr. Lemoine. *La Haye*, 1732. *in-8.*

373 Réflexions ſur l'Hiſtoire des Juifs, pour ſervir de preuves à la vérité de la Religion Chrétienne. *Geneve*, 1721. 2 *vol. in-12.*

374 Lettre dans laquelle on prouve que le retour des Juifs eſt proche, 1739. *in-12. br.*

375 Le Chriſtianiſme raiſonnable tel qu'il eſt repréſenté dans l'Ecriture-ſainte, traduit de l'Anglois de Locke. *Amſterdam*, 1731. 2 *vol. in-12.*

376 Catéchiſme ſur les principaux points de la Religion, par Drelincourt. *Amſterd.* 1709. *in-12.*

377 Entretiens ſur la Religion, par Baſnage. *Rotter.* 1713. 2 *vol. in-12.*

378 De la vérité de la Religion Chrétienne, contre les Athées, Epicuriens, Payens, Juifs, Mahomettans, &c. par Philippe de Mornay. *Leyde*, 1651. *in-8.*

379 Penſées de Paſcal ſur la Religion, & ſa vie, *in-12.*

380 Diſcours ſur les Penſées de Paſcal, & ſur les preuves des Livres de Moyſe. *Paris*, 1672. *in-12.*

381 Mémoire touchant la Religion, par Gilbert de Choiſeul du Pleſſi-Praſlin. *Paris*, 1681. 2 *vol. in-12.*

382 Traité de Religion contre les Athées, les Déiſtes ou les nouveaux Pyrrhoniens, par Mauduit. *Paris*, 1698. *in-12.*

383 De l'Incrédulité, par Jean le Clerc. *Amſterdam*, 1696. *in-12.*

384 L'Incrédulité des Déiſtes, par Baſtide. *Paris*, 1712. 2 *in-12.*

385 Lettres Fanatiques pour la Religion, contre les Athées. *Londres*, 1730. *in-12.*

386 Préſervatif contre l'incrédulité & le libertinage, ou Lettres paſtorales de l'Evêque de Londres, &c. traduit par Abr. Lemoine. *La Haye*, 1732. *in-8.*

387

387 Alciphron ou le petit Philofophe, ou Apologie de la Religion Chrétienne, contre les efprits-forts. *La Haye*, 1734. 2 *vol. in-*12.

388 Traité de la Religion, contre les Athées, Déiftes, &c. par Lachambre. *Paris*, 1737. 5 *vol. in-*12.

389 Preuves de la Religion de J. C. contre les Spinofiftes & les Déiftes, par le François. *Paris*, 1751 & *fuiv.* 8 *vol. in-*12.

390 Religion vengée, ou Réfutation des Auteurs impies, &c. *Paris*, 1758. 15 *vol. in-*12.

391 L'incrédule détrompé, le Chrétien affermi dans la Foi, par de Pontbriant. *Paris*, 1752. *in-*8.

392 La dévotion réconciliée avec l'efprit, par M. de Pompignan. *Paris*, 1755. *in-*12.

393 L'oracle des nouveaux Philofophes. *Berne*, 1759. 2 *vol. in-*12.

394 Le fentiment d'un inconnu fur l'Oracle des nouveaux Philofophes. *Villefranche*, 1760. *in-*12.

395 Difcours fur l'irréligion, où on examine fes principes & fes fuites funeftes oppofés aux principes & aux heureux effets du Chriftianifme, traduit de l'Allemand du Baron de Haller, par Seigneux de Correvon. *Neufchâtel*, 1755. *in-*8.

396 Lettres fur le Déifme, par Salchli fils. *Paris*, 1759. Difcours fur les préjugés contre la Religion, par Millot. *Paris*, 1759. *in-*8.

397 Sens littéral de l'Ecriture-fainte défendu, contre les anti-fcripturaires & les incrédules modernes, traduit de l'Anglois de Stackhoufe. *La Haye*, 1738. 3 *vol. in-*8.

398 Réfutation du Celfe moderne, ou objections contre le Chriftianifme, avec des Réponfes. *Luneville*, 1752. 1 *vol. in-*12.

399 Catéchifme & décifions de Cas de Confcience à l'ufage des Cacouacs, 1758. *in-*12. *br.*

400 Obfervations importantes au fujet de la Thefe de M. de Prades, &c. 1752. *in-*12. *br.*

DE L'EGLISE, DE LA MESSE, ET AUTRES DOGMES
ET CÉREMONIES CONTROVERSÉES ENTRE LES CA-
THOLIQUES ET LES P. RÉFORMÉS.

401 Maxime de Religion & marques de la vraie Eglise, par La Serre. *Paris*, 1693. *in-12.*

402 Les erreurs populaires & points de la Religion,
par Jean Despagne. *La Haye*, 1639. *in-12.*

403 Sermon du Docteur Sacheverell, sur l'Eglise. *Amst.*
1711. *in-8.*

404 Institution de la Religion Chrétienne, par Jean
Calvin. *Geneve*, 1564. *in-8.*

405

406 Anti-thesis Christi & anti-Christi. Versibus reddita,
& figuris illustrata, 1577. *in-8.*

407 Déclaration de Jean l'Abadie ci-devant Prêtre,
Prédicateur & Chanoine d'Amiens, des différens de
la Religion Romaine & de la Réformée. *Montauban*,
1653. 3 *vol. in-8.*

408 Le Baptême rétabli suivant l'institution de J. C.
Londres, 1736. 2 *vol. in-12.*

409 Histoire de l'Eucharistie, par Mat. Laroque. *Amst.*
1661. *in-8.*

410 Dialogue entre un pére & son fils. Si on peut
faire son salut en allant à la Messe, par Josué la
Place. *Saumur*, 1629. *in-8.*

411 La Communion de J. C. au Sacrement de l'Eucharistie, par Jean Mestrezat. *Sedan*, 1625. *in-8.*

412 De la Messe, par Pierre Dumoulin. *Geneve*, 1640.
Le Capucin, de l'origine, vœux, réglemens & discipline des Capucins, par Dumoulin. Journal des
Capucins ensuite de celui de Dumoulin, par François Clouet ex-Capucin.

Justification de Dumoulin contre les calomnies
& impostures de le Maire dit Limburg. *Geneve*,
1659.

Eclaircissement des controverses Salmuriennes

ou défenſe de la doctrine des Egliſes réformées , par Dumoulin. *Geneve* , 1649.

Vie & Religion de deux bons Papes , Leon I & Grégoire I , par Dumoulin. *Geneve* , 1659. *in*-8.

413 Le Myſtere d'iniquité , par Philippe de Mornay. 1612. *in*-8.

414

415

416 Eclairciſſemens ſur l'Apocalypſe de S. Jean , où l'on voit où a commencé l'empire papal & où il doit finir : l'an où a commencé la puiſſance des Jéſuites & celui où elle doit prendre fin : l'explication du regne de mille ans , par Jurieu. *Amſterdam* , 1687. *in*-12.

417

418 Eaux de Siloé pour éteindre le feu du Purgatoire , noyer les lymbes , les indulgences , &c. *La Rochelle* , 1608. *in*-8.

XXXII demandes propoſées par P. Cotton , avec les ſolutions de Pierre Dumoulin. *Item.* LXIV demandes du même , propoſées par contre-échange. *S. Maurice.*

Déclaration de Louis d'Alonville des raiſons qui l'ont meu à quitter l'Egliſe Romaine. *La Rochelle* , 1616.

Eclairciſſemens des controverſes Salmuriennes , ou défenſes des Egliſes réformées , par P. Dumoulin. *Geneve* , 1649. *in*-8.

419 Le Monde à l'empire , & le monde démoniacle & les diables déchaînés , les diables noirs , les diables blancs , les diables familiers , les lunatiques , la conjuration des diables , le tout en dialogues , par Pierre Viret. *Geneve* , 1579. *in*-8.

420 Le nouveau Panurge , & ſa Navigation en l'iſle imaginaire. *Lyon* , 1616. *in*-16.

421 Le Rablais réformé, par Pierre Dumoulin. *Bruxelles*, 1621. 1. *vol. in-*12.

422 Joan Crellii Catechefis Ecclefiarum Polonicarum. *Irenopoli*, 1659. *in-*8.

423 Prieres communes & de l'adminiftration des Sacremens & autres faintes Cérémonies de l'Eglife Anglicanne, avec le Pfeautier, en Anglois & en François. *Londres*, 1717. *in-*8.

424 Mêlange de Remarques Critiques, Hiftoriques, Philofophiques, Théologiques, fur deux Diſſertations de Toland, l'Homme fans fuperftition, les origines Judaïques, par Eli Benoift. *Delft.* 1712. *in-*8.

425 Principes de la Religion Chrétienne, ou Catéchifme de l'Eglife Anglicanne, par Guill. Wake, Archevêque de Cantorbery. *Amfterd.* 1719. *in-*8.

426 Apologie de la Religion Chrétienne, (des Trembleurs) trad. de Robert Barclay. *Londres*, 1702. *in-*8.

427 L'accord parfait de la Nature & de la Raifon, de la Révélation & de la Politique. *Cologne*, 1753. *in-*12.

TOLÉRANCE, ERREURS SINGULIERES ET MAHOMÉTISME.

428 Le Proteftant pacifique, ou Traité de la paix de l'Eglife contre Jurieu, par Leon de la Guittonniere. *Amfterd.* 1684. *in-*12.

429 L'efprit d'Arnaud, par Jurieu. *Holde*, 1684. 2 *vol. in-*12.

430 Le cinquieme Empire, qui fait voir par la fainte Ecriture, qu'il y aura un cinquieme empire, quand il commencera, par qui il s'établira, quel fera l'état de l'Eglife fous cet empire. *La Haye*, 1689. *in-*12.

431 Avis important aux Réfugiés fur leur prochain retour en France. *Holde*, 1692. *in-*12.

432 Réponfe à l'Avis aux Réfugiés, par de L. R. *Rotterdam*, 1709. *in-*12.

433 Examen d'un Libelle, contre la Religion, contre l'Etat, Avis important aux Réfugiés fur leur

prochain retour en France. *La Haye*, 1691. *in-*12.

433 * Lettre Critique à M. B. (Bayle) sur sa Cabale chymérique. *Amsterd.* 1691. *in-*12.

434 La Politique du Clergé de France , avec les derniers efforts de l'innocence affligée , par Jurieu. *Amsterd.* 1682. *in-*12.

435 L'Etat du Christianisme en France , ou Lettres adressées aux Catholiques , aux Protestans temporiseurs & aux Déistes , par Jac. Saurin. *La Haye*, 1725. *in-*8.

436 Deux Voies opposées en matiere de Religion , l'examen particulier & l'autorité , ou tolérance des Protestans, par Papin. *Liege*, 1713. *in-*12.

437 Mémoires concernant la Théologie & la morale. *Amsterdam*, 1732. *in-*12.

438

439 Pensées secretes sur la Religion, par Beveridge. *Amsterdam*, 1744. 2 *vol.* *in-*12.

440

441 La Religion distinguée de ce qui n'est qu'accessoire , & un Recueil de pieces pour servir de supplément. *Lond.* 1739. 5 *vol.* *in-*8.

442 Système des Théologiens anciens & modernes , sur l'état des ames séparées des corps. 1739. *in-*12.

443 Lettres sur les vrais principes de la Religion , ou Réponse aux Lettres sur la Religion essentielle à l'homme , avec une défense de Pascal , contre Voltaire. *Amst.* 1741. 2 *vol.* *in-*12.

444 Défense du Christianisme , ou Préservatif contre la Religion essentielle à l'homme, par des Roches. *Geneve*, 1740. 2 *vol.* *in-*12.

445 Examen des Lettres sur la Religion Essentielle , trad. du Latin , de J. Jacq. Breittinguer. *Zurich*, 1741. *in-*8.

446 Pensées sur la Religion. *La Haye*, 1722, *in-*12.

447

448 Réflexions sur les matieres du salut. *Cologne* 1678. *in-*12.

449 Refutation des erreurs de Spinofa, par Fenelon.
Brux. 1731. *in-*12.

450 La Religion des Turcs, par Echialle Mufti. *Brux.*
1703. 2 *vol. in-*12.

451 La Religion des Mahométans, par Reland. *La Haye,*
1721. *in-*12. *fig.*

J U R I S P R U D E N C E.

DROIT DE LA NATURE ET DES GENS.

453 Effais fur les principes du Droit & de la Morale
par Daube, *Paris,* 1740. *in-*4.

454 Loix de la Nature , trad. de Cumberland , par
Barbeyrac. *Amft.* 1744. *in-*4.

455 Principes du Droit politique, par Burlamaqui. *Amft.*
1751. *in-*12.

456 Principes du Droit naturel & politique, par Burlamaqui. *Gen.* 1747. 1 *vol. in-*4.

457 Droit de la Nature & des Gens, trad. du Latin,
de Puffendorf, par Barbeyrac. *Amfterd.* 1712. 2 *vol.*
*in-*4.

458 Droit des Gens, ou principes de la Loi naturelle,
par de Vattel. *Lond.* 1754. 2 *vol. in-*4.

459 Droit de la guerre & de la paix , trad. de Grotius ,
par Courtin. *La Haye,* 1703. 3 *vol. in-*12.

460 Le même , trad. par Barbeyrac. *Bafle,* 1768. 2
*vol. in-*4.

461 Recherches nouvelles de l'origine & des fondemens
du Droit de la Nature, par Fréderic Henri Strubb de
Piermont. *St Petersbourg,* 1740. *in-*8.

462 Commentaire philofophique fur ces paroles de
J. C. *contrains-les d'entrer ,* par Bayle. *Rotterdam ,*
2. *vol. in-*12.

463 Droits des deux Souverains en matiere de Religion , la Confcience & le Prince , contre le Livre de
Bayle , par Jurieu. *Rotterd.* 1687. *in-*12.

464 De la Tolérance mutuelle entre les deux commu-
nions Evangélique & Réformée. *La Haye ,* 1698.
*in-*12.

465 Traité de la liberté de conscience. *Col.* 1687. *in*-12.

466 Pouvoir des Souverains & de la liberté de Conscience, trad. du Latin de Nood, par Barbeyrac, *Amst.* 1707. De la puissance légitime du Prince, de celle du peuple, par Hubert Languet. 1581. *in*-8.

467 Pouvoirs des Souverains, & de la liberté de conscience, trad. de Nood, par Barbeyrac, & plusieurs autres discours du même. *Amst.* 2 *vol. in*-12.

468 Liberté de conscience resserrée dans des bornes légitimes. *Lond.* 1754. *in*-8.

469 Mémoire Théologique & politique sur les mariages des Protestans de France. 1756. *in*-8.

470 Mémoire politico-critique, refutation du Mémoire théologique & politique sur le mariage des Protestans, &c. 1756. *in*-8.

471 Dissertation sur la tolérance, ou Réponse à l'accord parfait & au Mémoire, au sujet des mariages des Protestans. *in*-12. *broc.*

472 Lettre à l'Auteur de la Dissertation, sur la tolérance des Protestans, ou Réponse à l'accord parfait, & au Mémoire au sujet des mariages des Protestans de France. 1756. *in*-12.

473 Lettre d'un Patriote sur la tolérance des Protestans de France. 1756. *in*-8.

474 Essais de réunion des Protestans aux Catholiques Romains, par P. D. R. *Par.* 1756. *in*-12.

475 Vérité vengée, ou Réponse à la Dissertation sur la tolérance des Protestans. 1756. *in*-12.

476 La voix du vrai Patriote Catholique, opposée à celle des faux Patriotes tolérans. 1756. *in*-8.

477

478 L'Esprit de J. C. sur la tolérance (Réponse à l'Appologie de Louis XIV) 1760. *in*-8.

DROIT CANONIQUE.

DES DROITS DES DEUX PUISSANCES.

479 Traité de ce qui est dû aux puissances, par Cocquelin *Paris,* 1690. *in*-12.

480 De l'Obéiffance & Soumiffion qui eft due au Pape, en matiere de foi, par L. Abelly. *Caen*, 1686. *in*-12.

481 Traité de l'autorité du Pape, dans lequel fes droits font établis & réduits à leurs juftes bornes, &c. *La Haye*, 1720. 4 *vol. in*-12.

482 Traité de la puiffance du Pape, trad. de Guil. Barclay. *Pont-à-Mouffon*, 1611. *in*-12.

483 La Doctrine & Pratique Romaine, fur la dépofition des Rois, & fubverfion de leurs vie & Etats. *Geneve*, 1628. *in*-8.

484 Traité de la puiffance du Pape, fur les Princes féculiers. 1687. *in*-12.

485 Principes de la Doctrine de Rome, fur l'excommunication & dépofition des Rois, trad. de l'Anglois de l'Evêque de Lyncoln. *Lond.* 1679.

Ecclairciffement fur la Doctrine & l'Hiftoire Eccléfiaftique des deux premiers fiecles de l'Eglife, par Faydit. *Maeftrich*, 1695. Mémoire à la Sorbonne, fur la nouvelle Bibliotheque des Auteurs Eccléfiaftiques de Dupin. *in*-8.

487 De la puiffance Eccléfiaftique & temporelle, par Dupin. 1707. *in*-8.

488 La Souveraineté des Rois défendue, par le P. Quefnel, contre Leydecker. *Par.* 1712. *in*-12.

489 Droits des Souverains défendus, contre les excommunications des Papes, par Fra Paolo. *La Haye*, 1721. 2 *vol. in*-12.

490 Queftion Royale & fa décifion, où eft montré.... que le fujet eft obligé de conferver la vie du prince aux dépens de la fienne. *Par.* 1609 *in*-12.

491 Hiftoire du Droit Canonique, & du Gouvernement de l'Eglife. *Paris.*

Differtation fur le Droit des Souverains, touchant l'adminiftration de l'Eglife. 1 *vol. in*-12.

492 Traité de l'Autorité des Rois, touchant l'adminiftration de l'Eglife, par Talon. *Amft.* 1700. *in*-12.

493 Traité de l'autorité des Rois, touchant l'adminiftration de l'Eglife, par le Vayer de Boutigny, & la fuite. *Lond.* 1754 & 1756. 2 *vol. in*-12.

494 Apologie des Jugemens rendus contre le Schifme. 1752. 3 *vol. in*-12.

495 Droits de l'Etat & du Prince, sur les bénéfices pos-
sedés par le Clergé. *Amst.* 1755. 6 *vol. in-12.*

DES PERSONNES ET DES CHOSES ECCLÉSIASTIQUES.

496 Extraordinaires de l'Evêque de Cour, touchant la
domination épiscopale. de la Simonie, &c. 1674.
in-12.

497 L'Hérésie de la domination épiscopale, par le
Noir. 1682. *in-12.*

498 L'Abbé Commendataire ou l'injustice des Com-
mandes, par Desbois Franc. (Delfau). *Cologne,* 1673.
in-12.

499 L'Evêque de Cour opposé à l'Evêque Apostoli-
que, par le Noir. *Cologne,* 1682. 2 *vol. in-12.*

500 Traité de la Dépouille des Curés, par Thiers.
Paris, 1683. *in-12.*

501 Factum de J. B. Thyers, contre le Chapitre de
Chartres: de l'obligation où sont les personnes pu-
bliques de repousser les injures, *in-12.*

502 La Sauce Robert, sur les Droits des Archidia-
cres, & la Sauce Robert justifiée. 1 *vol. in-8.*

503 Plaidoyers d'Arnauld & de Chevalier contre les
Jésuites, & la relation du rétablissement des Jésuites en 1604. 1716. *in-12.*

504 Plaidoyers de Jacques de Montholon, en la cause
des Jésuites, contre de la Marteliere, leur Avocat,
& contre l'Université. *Par.* 1612. 2. *vol. in-8.*

505 Vérités Académiques, pour l'Université de Paris,
contre les Jésuites. *Par.* 1643. Apologie de l'Université de Paris, contre les Jésuites. 1643. *in-8.*

506 Recueil de Pieces, Lettre déclaratoire de la Doctrine des Jésuites, par le R. P. Cotton, l'Anti Cotton.
Réponse à l'Anti Cotton, &c. 1610, 1611 & suiv-
in-8.

507 Equivoques & Echappatoires des Jésuites. 1626.
Doctrine des Jésuites, touchant le temporel des
Rois. 1626. Relation de ce qui s'est passé en Sorbonne, au sujet du livre du P. Becan. 1626. & autres pieces *in-8.*

E

508 Défense pour Etienne Pasquier, contre François Ga-
rasse. *Paris*, 1624. *in-*8.

509 Arrêt du Parlement de Bordeaux, portant Regle-
ment sur l'état de ceux qui sont congédiés de la So-
ciété des Jésuites. *Paris*, 1697. *in-*12.

510 Comptes rendus des Constitutions des Jésuites,
par de la Chalottais. 1762. 2 *vol. in-*12 *broc.*

511 Remontrances, Arrêts &c. des différentes classes du
Parlement. *in-*12. Liasse de brochures.

512 Factum des Religieuses de Ste Catherine-les-Pro-
vins, contre les Cordeliers. *Dorégnal*, 1679.
La Réponse audit factum, contre Mgr de Sens.
1669. 2 *vol. in-*12.

513 Le Vœu de Jacob, opposé aux vœux des Moines,
par Gilbert de Primerose. *Bergerac*. 1611 *in-*8.

514 Le Rabatjoye du Triomphe monacal, par
de Saint Hilaire. *Lille*, 1633. *in-*8.

515 Traité de la Désapropriation Claustrale, par Camus. *Besançon*. 1634 *in-*8.

516 Les Entretiens curieux d'Hermodore, & du Voyageur inconnu, par le Sieur de Saint Agran, (ou Apologie des Moines) *Lyon*, 1684. 1 *vol. in-*4.

517 Le Moine Marchand, ou Traité contre le commerce des Religieux, trad. du Latin de Renatus, à
Valle. (Théophile Reinaud). *Amst.* 1714 *in-*8.

518

519 Histoire des revenus ecclésiastiques, par Jerome.
Acosta, 1691. *in-*12.

520 Traité des Bénéfices, par Fra. Paolo Sarpi. *Amst.*
*in-*12.

521 Recueil de pieces, concernant l'assemblée du Clergé
de France, & le vingtieme en 1750. Liasse de brochures. *in-*8 & *in-*12.

522 Traité de la Dissolution du mariage par l'impuissance, par Tagereau. *Paris*, 1595. *in* 12.

523 Principes sur la nullité de mariage, pour cause
d'impuissance, par M. avec un Traité de M. Bouhier, & autres pieces curieuses sur le même sujet,
1756. *in-*8.

524 Traité des cloches & de l'offrande du pain & du vin aux Meſſes des morts, par J. B. Thyers. *Par.* 1721. *in-12.*

525 Hiſtoire des Perruques, par Thyers. *Paris*, 1690. *in-12.*

DROIT ECCLÉSIASTIQUE FRANÇOIS.

526 Hiſtoire du Droit public, Eccléſiaſtique François, par M. D. B. *Lond.* 1737. 2 *vol. in-12.*

527 Inſtitution au Droit Eccléſiaſtique, de Fleury. *Par.* 1721. *in-12.*

528 Les Loix Eccléſiaſtiques de France, dans leur ordre naturel, & une Analyſe des livres du Droit Canonique, conféré avec les Uſages de l'Egliſe Gallicane, par Louis de Hericourt. *Paris*, 1750. 1 *volume in-fol.*

529 L'Eſprit de Gerſon, 1691. *in-12.*

530 Maximes & libertés Gallicannes. Mémoires & diſcours ſur le même ſujet. 1755. *in-12. broc.*

531 Commentaires de Dupuis, ſur le Traité des libertés de l'Egliſe Gallicanne, de Pierre Pithou. *Par.* 1715. 2 *vol. in-4.* avec la préface.

DROIT CIVIL ET FRANÇOIS.

532 De l'Uſage & de l'Autorité du Droit Civil, par Arthurrus Duck. *Paris*, 1689. *in-12.*

533 Dictionnaire Civil & Canonique, contenant les Etimologies, définitions, diviſions du Droit François, conféré avec le Droit Romain.. *Paris*, 1688. *in-4.*

534 Introduction à la Pratique, par Claude de Ferriere. *Par.* 1735. 2 *vol. in-12.*

535 Dictionnaire de Droit & de Pratique, par le même. *Par.* 1761. 2 *vol. in-4.*

536 Le Praticien François, de Lange. *Par.* 1719. 2 *vol. in-4.*

537 L'Origine du Droit, des Magiſtrats, des Loix. *Par.* 1674 1 *vol. in-12.*

538 Traité des cessions & banqueroutes, &c. par Gabriel Bounin. *Par.* 1586. *in-8.*

539 Traité des hypotéques, par Basnage, *Par.* 1694. *in-12.*

540 Regles du Droit François, 2 *vol. in-fol.* manuscrit.

541 Nouvelles Institutions coutumieres, de Ferrieres. *Par.* 1692. 2 *vol. in-12.*

542 Le Nouveau parfait-Notaire, par Ferrieres. *Par.* 1761. 2 *vol. in-4.*

543 Traité de la Police, où l'on trouvera l'Histoire de son établissement, &c. par M. de la Marre; 4 *vol. in-fol. Amst.* 1729.

Le tome Quatrieme, ou la Continuation, par Leclerc du Brillet. *Par.* 1738. 4 *vol. in-fol. fig.*

544 Loix des Bâtimens, suivant la Coutume de Paris, par Desgodets & Goupy. *Par.* 1768. *in-8.*

545 Edits, Déclarations, Ordonnances, concernant les Invalides. *Par.* 1728. *in-4.*

546 Edit du Roi, pour le Réglement des Imprimeurs & Libraires de Paris. 1687. *in-4.*

547 Ordonnances Royaux, pour le fait de la Justice. L'an 1539. *in-4.* gothiq. imprimé sur velin.

548 Traité universel des Eaux & Forêts, par Néel Duval de la Lissandriere. *Par.* 1699. *in-8.*

549 Dictionnaire portatif des Eaux & Forêts, par Massé *Par.* 1766. 2 *tomes,* 1 *vol. in-8.*

550 Edits, Ordonnances, &c. concernans l'Hôpital-général de Paris. *Par.* 1676. *in-4.*

551 Des Mains-mortes, & Conditions taillables, par Guil. de Oncieu. 1608. *in-8.*

552 Plaidoyers de M. (Erard) *Par.* 1696. *in-8.*

CAUSES CÉLEBRES ET INTÉRESSANTES.

553 Avis aux Criminalistes, sur les abus qui se glissent dans les Procès de Sorcellerie. *Lyon,* 1660. *in-8.*

554 Si la torture est un moyen sûr pour vérifier les crimes secrets, par Augustin Nicolas. *Amsterdam,* 1681. *in-8.*

555 Arrêt du Parlement de Toulouse, contenant l'his-

toire d'un supposé mari, avec les annotations de Jean de Coras. *Lyon*, 1596.

Paraphrase du même, sur l'Edit des mariages clandestins des enfans de famille. 1 *vol. in-8.*

556 Procès du Marquis de Gesvres & de la Demoiselle Mascranni, 1714. 2 *vol. in-12.*

557 Recueil de Pieces servant au procès de la Demoiselle Cadiere. *Utrecht*, 1734. 8 *vol. in-12.*

558 Arrêts notables, rendus à la Tournelle, qui ont jugé qu'une femme enfermée pour adultere est bien fondée après la mort de son mari, à demander sa liberté pour en épouser un autre. *Par.* 1684. *in-12.*

559 Les Procès tragiques, contenant cinquante-cinq histoires, par Alexandre Vanden Bussche. *Anvers*, 1580. 1 *vol. in-12.*

560 Les Causes célebres & intéressantes, avec les Jugemens qui les ont décidés, par Gayot de Pitaval. *Paris*, 1735. 20 *vol. in-12.*

561 Faits des Causes célebres & intéressantes. *Amsterd.* 1757. *in-12.*

562 Recueil de Mémoires & pieces, concernant l'affaire de MM. de la Bourdonnois & Dupleix. *in-4. br.*

563 Mémoires & pieces en la cause du sieur Bigot. *Paris*, 1763. 3 *vol. in-4.*

564 Le Code Frédéric, ou Corps de Droit, pour les Etats du Roi de Prusse, &c. 1752. 3 *vol. in-8.*

S C I E N C E S   E T   A R T S.

INTRODUCTION A LA PHILOSOPHIE.

564 Origine des Loix des Sciences & des Arts, chez les différens peuples, par Goguette. *Par.* 1759. 6. *v. in-12.*

565 Elémens des Sciences & des Arts littéraires, trad. de l'Anglois de Benjamin Martin, par M. de Puisieux. *Paris*, 1756. 3 *vol. in-12.*

566 Dictionnaire portatif universel des Sciences & des Arts. *Avignon*, 1760. 8 *vol. in-8.*

567 Dictionnaire Philosophique ou Introduction à la connoissance de l'homme. *Londres*, 1751. *in-12.*

568 La Philosophie applicable à tous les objets de l'esprit & de la raison, par l'Abbé Terrasson. *Paris*, 1754. *in-12.*

569 Histoire universelle des systêmes de philosophie, anciens & modernes touchant l'origine & la création du monde, traduit de l'Anglois. *La Haye*, 1740. *in-12.*

570 Traité des systêmes, par l'Abbé de Condillac. *La Haye*, 1749. *in-12.*

571 Histoire Critique de la philosophie, de son origine, de ses progrès & révolutions, par D... (Deslandes.) *Amsterdam*, 1741. *3 vol. in-12.*

572 Théologie Payenne, ou sentimens des Philosophes & des peuples payens, sur Dieu, sur l'ame, & sur les devoirs de l'homme, par D. Burigny. *Paris*, 1754. *2 vol. in-12.*

573 Les Philosophes à l'encan, Dialogue. *Paris*, 1690. *in-12.*

574 Théatre philosophique ou les Philosophes anciens & modernes, Dialogue, par Bordelon. *Paris*, 1693. *in-12.*

PHILOSOPHES ANCIENS ET MODERNES.

575 Le Platonisme dévoilé ou Essai sur Verbe Platonicien. *Cologne*, 1700. *in-8.*

576 Dialogue entre Adrian & Epictete, contenant soixante-treize questions & réponses, traduit par Jean de Coras. *Tolose*, 1558. *1 vol. in-8.*

577 Les Hypotiposes ou Institutions Pyrroniennes de Sextus Empyricus, traduit du grec, 1725. *in-12.*

578 Discours Philosophiques de Maxime de Tyr, traduit par Formey. *Leyde*, 1764. *in-12.*

579 Réflexions morales de l'Empereur Marc-Antonin, trad. avec des remarques, par Dacier. *Paris*, 1691. *2 vol. in 12.*

580 Les mêmes. *Amsterdam*, 1714. *2 tom. 1 vol. in-12.*

581 Séneque : de la clémence, par du Ryer. *Paris*, 1659. *in-12.*

582 Epîtres de Séneque, trad. par Pintrel, & données par de la Fontaine. *Paris*, 1681. 2 *vol. in-12.*

583 Offices de Ciceron, trad. par Du Bois. *Paris*, 1691. *in-8.*

584 Entretiens de Ciceron, sur les vrais biens & les vrais maux, trad. par Regnier des Marais. *Paris*, 1741. *in-12.*

585 Ciceron : de la Vieillesse, de l'amitié, & les Paradoxes, trad. par Du Bois, avec le texte. *Paris*, 1714. *in-12.*

586 Le Philosophe payen, ou pensées de Pline, avec des remarques, par Formey. *Leyde*, 1759. 3 *vol. in-12.*

587 Les Essais de Michel, Seigneur de Montagne, avec des notes & de nouvelles tables des matieres, par Pierre Coste. *Paris*, 1725. 3 *vol. in-4.*
   Le Supplément ou Vie de Montaigne, par Bouhier. *Londres*, 1740. *in-4.*

588 Principes de la Philosophie de Descartes. *Paris*, 1647. *in-4.*

589 Recueil de Pieces curieuses, concernant la Philosophie de Descartes. *Amsterd.* 1694.
   Méditations sur la Métaphysique, par Guil. Vander. *Cologne*, 1684. *in-12.*

590 Analyse de la Philosophie de Bacon & sa vie. *Paris*, 1755. 3 *tom.* 2 *vol. in-12.*

591 Elémens de Philosophie de Newton, donnés par Voltaire. *Amsterdam*, 1738. *in-8. fig.*

592 Examen & Réfutation des Elémens de Philosophie de Newton, de Voltaire, par Jean de Banieres. *Paris*, 1739. *in-8. fig.*

593

594 Critique des Lettres Philosophiques de V... par le R. P. D. P. B. *Basle*, 1735. *in-12.*

595

596 Eloges & caracteres des Philosophes les plus célebres. *Paris*, 1726. *in-12.*

597 Essais sur les Philosophes ou Egaremens de la
raison sans la Foi. *Amsterdam*, 1743. *in-8.*

598 Le Philosophe Chrétien, par Formey. *Lyon*, 1753.
4 *vol. in-12.*

599 Mélanges de Philosophie, par Formey. *Leyde*,
1754. 2 *vol. in-12.*

600 Examen du Fatalisme ou Exposition & Réfutation
des différens systêmes de Fatalisme. *Paris*, 1757.
3 *vol. in-12.*

LOGIQUE.

601 Logique ou l'Art de penser, par Nicole. *Paris*,
1714. *in-12.*

602 Réponses aux injures & railleries écrites contre
Montaigne, dans la Logique de Port-Royal, &
500 passages des Essais de Montaigne, pour prouver
le mérite de l'Auteur. *Paris*, 1668. *in-12.*

603 Systême de Réflexions ou Nouvel Essai de Logique, par Crousaz. *Amsterdam*, 1712. 2 *vol. in-12.*

ETHIQUE ET MORALE.

I. TRAITÉS GÉNÉRAUX DE MORALE.

604 La Morale d'Aristote, traduction nouvelle. *Tolose*,
1644. 1 *vol. in-4.*

605 Caracteres de Théophraste, avec les caracteres &
les Mœurs de ce siecle, par la Bruyere. *Paris*, 1700.
2 *vol. in-12.*

606 Apologie de la Bruyere ou Réponse à la Critique
des caracteres de Théophraste. *Paris*, 1701. *in-12.*

607 Les mêmes, avec la défense de P. Coste. *Paris*,
1733. 2 *vol. in-12.*

608 Les mêmes. *Paris*, 1765. *in-4. gr. pap.*

609 Le Théophraste moderne. *Paris*, 1699. 1 *vol.
in-12.*

610 Grand Empire de l'un & l'autre monde, le Royaume

me des aveugles, des borgnes & des clair-voyans,
par J. de la Pierre. *Paris*, 1625. *in-8.*

611 Principes de la Philosophie du Pythagore Chrétien, par de Lespinasse, 1677. *in-12.*

612 Vérités satyriques en Dialogues. *Paris*, 1725. *in-12.*

613 Les Occupations du siecle. *Amst.* 1739. *in-12.*

614 L'Esprit du siecle. *Paris*, 1707. *in-12.*

615 L'Esprit du siecle, diverses pensées, maximes, réflexions, extraites des Auteurs de ce siecle. *Amst.* 1746. *in-12.*

616 Examen Philosophique de la liaison réelle entre les Sciences & les Mœurs. 1755. *in-12.*

617 Le Spectateur François de Marivaux. *Paris*, 1728. 2 *vol. in-12.*

618 La Spectatrice. *Paris*, 1751. 2 *vol. in-12.*

619 Le Spectateur Suisse. *Paris*, 1723. *in-12.*

620 Le Spectateur inconnu. *Paris*, 1724. *in-12.*

621 Maximes & Réflexions morales. *Paris*, 1679. *in-12.*

622 Le Dégoût du Monde, par Maximes. *Paris*, 1701. *in-12.*

623 Réflexions, Sentences, Maximes morales d'Amelot de la Houssaye. *Paris*, 1725. *in-12.*

624 Réflexions morales satyriques, comiques sur les Mœurs de notre siecle. *Liege*, 1733. *in-12.*

625 Pensées, Maximes & Réflexions morales du Duc de (la Rochefoucault) avec des Remarques, par l'Abbé de la Roche. *Paris*, 1737. *in-12.*

626 Anciens Historiens Latins mis en maximes, Tite-Live. *Paris*, 1694. *in-12.*

II. DE L'HOMME EN GÉNÉRAL ET DE SON ÉDUCATION.

627 Économie de la Vie humaine. *Edimbourg*, 1752. *in-12.*

628 Dissertation sur l'éducation Physique des enfans dépuis leur naissance jusqu'à leur puberté, par Ballexserd. *Paris*, 1762. *in-8.*

629 Essai sur la différence du nombre des hommes des tems anciens & modernes, par Joncourt. 1754. *in-12.*

630 Les hommes, par de Varennes. *Par.* 1712. *in-12.*

631 Maximes & Réflexions Morales, trad. de l'Anglois, avec une traduction en vers, de l'Essai sur l'Homme de Pope. *Lond.* 1741. *in-8.*

632 Examen de l'Essai de Pope sur l'homme, par Crousaz, *Lausanne,* 1737. *in-12.*

633 Pensées diverses sur l'homme, par Pecquet. *Par.* 1738. *in-12.*

634 Discours de J. J. Rousseau, sur l'inégalité des conditions. *Amsterdam,* 1755. *in-8.*

635 Caracteres naturels des hommes en Dialogues, par Bordelon. *Paris,* 1692. *in-12.*

636 L'Homme moral opposé à l'Homme physique de M. R. *Toulouse,* 1756.

Traité des animaux, par de Condillac. *Paris,* 1755. *in-12.*

637 Education Chrétienne des enfans, selon les maximes de l'Ecriture. *Paris,* 1678. *in-12.*

638 La Belle éducation, par Bordelon. *Bruxelles,* 1693. *in-12.*

639 Education des enfans, trad. de Locke, par Coste. *Paris,* 1711. *in-12.*

640 Traité d'Education. *Amst.* 1716. 2 *vol. in-12. fig.*

641 Maximes sur l'Education des enfans. *Amst.* 1718. *in-12.*

642 Elémens & progrès de l'éducation, par Bonneval. *Paris,* 1743. 2 *vol. in-8.*

643

644 Censure de la Faculté de Théologie de Paris, contre Emile. *Paris,* 1762. *in-8.*

645 Lettres au Prince Royal de Suede, par le Comte de Tessin. *Paris,* 1755. *in-12.*

646 Education des Filles, par Fénélon. *Paris,* 1719. *in-12.*

647 La même, avec une Instruction pour une jeune Princesse, par de la Chétardie. *Amst.* 1754. *in-12.*

648 Instruction d'un pere à sa Fille, par Du Puy. *Paris,* 1717. *in-12.*

649 Magasin des Enfans, des Adolescentes, des jeunes Dames, Lettres de Madame du Montier, la Nelle

Clarisse, &c. par Madame le Prince de Beaumont.
Lyon, 1767. & suiv. 10 vol. in-12.
650 Réglemens & méthode pour les Ecoles. Paris,
1709. in-12.

III. DE LA CONNOISSANCE DE SOI-MÊME ET DE LA SCIENCE DU MONDE.

651 L'Art de se connoître soi-même, par Abbadie.
Rotterd. 1710. in-8.
652 Traité Historique & Critique de l'opinion, par Gilbert le Gendre de Saint-Aubin. Paris, 1741, 7 vol.
in-12.
653 De la Science du monde, & Connoissances utiles
à la conduite de la vie, par de Callieres. Paris,
1717. in-12.
654 L'Ecole du monde, ou Entretiens d'un pere &
d'un fils, par le Noble. Paris, 1694. 6 vol. in-12.
655 Instruction d'un pere à son fils, sur la maniere
de se conduire dans le monde, par Dupuy. Paris,
1730. in-12.
656 Discours sur la bienséance. Paris, 1687. in-12.
657 Essais sur l'usage, par Mary. Utrecht, 1741. in-8.
658 Réflexions sur le ridicule & les moyens de l'éviter, de ce qui peut plaire & déplaire, régles de la
vie civile, de la politesse, l'art de plaire, & modeles pour les conversations, &c. Réflexions sur les
défauts d'autrui, par Bellegarde. Paris, 1699. 7 vol.
in-12.

IV. DE L'HOMME EN SOCIÉTÉ, DE SES OCCUPATIONS ET DEVOIRS.

659 Devoirs de l'Homme & du Citoyen, traduit de
l'Allemand de Puffendorff, par Barbeyrac. Londres,
1741. 2 vol. in-12.
660 Des Devoirs de la vie civile. Par. 1686. in-12.
661 Entretiens sur les Devoirs de la vie civile & sur
plusieurs points de la morale Chrétienne, par Marsollier. Paris, 1714. in-12.

662 Raisonnemens Chrétiens sur les Aventures différentes des hommes. *Paris*, 1696. *in*-12.

663 Lettres morales & critiques sur les différens états & les diverses occupations des hommes, par le Marquis d'Argens. *Amsterd.* 1737. *in*-8.

664 Discours sur l'emploi du loisir, par Pecquet. *Paris*, 1739.

Paralelle du Cœur, de l'Esprit & du Bon-sens, par le même. *Paris*, 1740. *in*-12.

665 Bibliothéque des Dames, contenant des régles générales pour leur conduite, par Steel, traduit par Janiçon. *Amsterd.* 1729. 3 *vol. in*-12.

666 Traité de la Civilité Françoise, par Ant. Courtin. *Paris*, 1695. *in*-12.

667 Le Mentor moderne, ou Discours sur les Mœurs de ce siecle, traduit de l'Anglois d'Adisson, Steelle, &c. *Rouen*, 1725. 3 *vol. in*-12.

668 Le Censeur, ou Caracteres des Mœurs, par M. de G***. *La Haye*, 1715. *in*-12.

669 Considérations sur les Mœurs de ce siecle, par Duclos. *Amsterd.* 1751. *in*-12.

670 Le Commerce dangereux entre les deux sexes. *Bruxelles*, 1715. *in*-12.

V. DES VERTUS, DES PASSIONS ET DES VICES.

671 Recherches sur l'origine des idées de la beauté & la vertu. *Amsterd.* 1749. *in*-12.

672 L'Analyse des vertus en abrégé. *Paris*, 1698. *in*-12.

673 Traité du mérite, par de Valletz. *Paris*, 1703. *in*-12.

574 Traité du vrai mérite, par le Maître de Claville. *Paris*, 1740. 2 *vol. in*-12.

675 Les Caracteres, par Madame de Puisieux. *Lond.* 1750. 2 *vol. in* 8. *br.*

676 L'honnête-Homme, par Du Bosc. *Par.* 1675. *in*-12.

677 Caractere de l'honnête homme, ou Philosophie des gens de bien, par Gerard. *Paris*, 1682. *in*-12.

578 L'homme aimable, par M. Marin. *Paris*, 1752. *in*-12. *br.*

679 Réflexions sur l'Amitié, par Dupuy. *Par.* 1728. *in-*12. *br.*

680 Traité de morale sur la Valeur. *Par.* 1674. *in-*12.

681 Idée parfaite du véritable Heros, formé sur les Maximes des anciens & des modernes, par de la Faille. *Amsterdam*, 1700. *in-*12.

682 Le Heros Chrétien, traduit de R. Steelle, par de Beaumarchais, & les vertus Payennes. *La Haye*, 1729. *in-*12.

683 Lettres sur l'Esprit de patriotisme. *Londres*, 1750. *in-*8.

684 Fausseté des vertus humaines, par Esprit. *Paris*, 1678. 2 *vol. in-*12.

685 Les Passions de l'ame, par Descartes. *Par. in-*12.

686 Essais sur les Passions & sur leurs caracteres. *La Haye*, 1748. 2 *vol. in* 12.

687 Caractere de l'homme sans passions, selon Séneque. *Paris*, 1683. *in-*12.

688 De l'usage des Passions, par Franç. Senault. *Par.* 1669. *in-*12.

689 Le même. *Paris*, 1645. *in-*4.

690 Traité de la Volonté, des actions, passions & égaremens. *Paris*, 1684. *in-*12.

691 Portrait d'une honnête-femme & raisonnable, par Goussault. *Lyon*, 1694. *in-*12.

692 Caracteres des Femmes du siecle, description de l'amour-propre, six caracteres & six perfections, par M. Pringy. *Paris*, 1699. *in-*12.

693 De la Flaterie, des louanges & de la médisance, par de Villethierry. *Paris*, 1701. *in-*12.

694 Traité du Jeu, où l'on examine les principales questions de droit naturel & de morale qui ont rapport à cette matiere, & une dissertation sur la nature du sort, par Barbeyrac. *Amsterdam*, 1737. 3 *vol. in-*12.

695 Critique, Historique, Politique, morale & économique sur les Lotteries anciennes & modernes, spirituelles & temporelles, traduit de G. Leti. *Amst.* 1697. 2 *vol. in-*12.

696 Quatre Lettres sur les Jeux de hasard. *La Haye*, 1713. *in-*12.

697 Converſations Morales ſur les jeux , & les divertiſſemens. *Par.* 1685. *in-12.*

VI. Du Bonheur et de la Gloire.

698 L'Homme content , où l'on voit ſi le contentement
eſt chez les mariés ou les courtiſans , & les réſolutions
qu'il faut avoir contre la mort & la maladie. *Par.*
1633. *in-8.*

699 Maximes pour vivre heureuſement dans le monde ,
par de Marmet de Valcroiſſant. *Par.* 1673. *in-12.*

700 L'Art de vivre heureux , formé ſur les idées les
plus claires de la raiſon & du bon ſens. *Par.* 1690.
in-12.

701 L'Art de vivre content , trad. de l'Anglois. *Amſt.*
1708. *in-12.*

702 Recherches de la vie heureuſe , ſelon les lumieres
naturelles. *Par.* 1722. *in-12.*

703 La vie heureuſe , ou l'homme content , enſeignant
l'art de bien vivre. *Par.* 1723. *in-12.*

704 Eſſai ſur la perfection , pour ſervir de ſuite au ſyſtéme du vrai bonheur , par Formey. *Utrecht.* 1751.
in-12.

705 Les Illuſtres malheureux , par le Comte de Buſſy ,
& un diſcours à ſes enfans , ſur le bon uſage des
adverſités. *Col.* 1694. *in-12.*

706 Le Guide fidele de la vraie gloire. *Par.* 1688. *in-8.*

707 Traité de la gloire , par Sacy. *Par.* 1715. *in-12.*

708 Conſeils d'Ariſte à Celimene , ſur les moyens de
conſerver ſa réputation. *Par.* 1692. *in-12.*

POLITIQUE GÉNÉRALE.

709 De l'Eſprit des Loix , & du rapport que les loix
doivent avoir avec le gouvernement , les mœurs , le
climat , la Religion , par Monteſquieu *Geneve* , 1750.
Défenſe de l'Eſprit des loix , avec quelques éclairciſſemens. 1750. Examen critique de l'Eſprit des loix ,
obſervations de l'Abbé de la Porte , 1751. L'Eſprit
des loix quinteſſencié , 1751. Obſervations critiques.
1751. *7 vol. in-12.*

710 Le parfait Ambassadeur , trad. de l'Espagnol , de Antonio de Vera y Cunniga. *Leyde.* 1709. *3 tomes ,* 1 *vol. in-*8.

711 L'Ambassadeur & ses fonctions, par de Wicquefort. *Cologne ,* 1690. 2 *vol. in-*4.

712 Mémoires touchant les Ambassadeurs & les Ministres publics , par L. M. P. *Col.* 1677. *in-*12.

713 Traité du Juge Compétant des Ambassadeurs , trad. du Lat. de Bynkershoeck, par Jean Barbeyrac. *La Haye,* 1723 *in-*4.

714 Maniere de négocier avec les Souverains , par de Calvieres. *Par. in-*12.

715 Œuvres de Machiavel , trad. *Amst.* 1711 *& suiv.* 6 *vol. in-*12.

716 Discours de l'état de paix & de guerre , de Nicolas Machiavel , traduit de l'Italien en François. *Par.* 1646. 1 *vol. in-*4.

717 Discours politiques & militaires , de la Noue. *Par.* 1612. *in-*8.

718 Discours politique de Priezac. *Par.* 1652. *in-*4.

719 Tibere , Discours politiques sur Tacite , par Amelot de la Houssaie. *Amst.* 1684. 1 *vol. in*4.

720 Réflexions politiques & morales , par Pegere. *Par.* 1717. *in-*12.

721 Considérations politiques sur les coups d'Etat , par Naudé *Holland.* 1712. *in-*12.

722 Sciences des Princes , ou Considérations politiques sur les coups d'Etat , par Naudé *Paris ,* 1752. 3 *vol. in-*12.

723 Résolutions politiques & maximes d'Etat , par de Marnix. *Rouen ,* 1724. *in-*12.

724 La politique des Conquérans , par de Lartigues. *Paris ,* 1662. *in-*4.

725 Réflexions politiques de Baltazar Gracian , sur les plus grands Princes , & particuliérement sur Ferdinand le Catholique, par M. S... 1734. *in-*4. g. p.

726 Politique de Bacon. *Lond.* 1740. *in-*12.

727 Traité de la politique de France , par Paul Hay du Châtelet. 1669. *in-*8. manuf.

728 Le même. *in-*4. manuf.

729 Politique de l'Ecriture Sainte , par Bossuet. *Paris*, 1714. 2 *tom.* 1 *vol. in-12.*

730 Maximes des Princes & Etats Souverains. *Colog.* 1686. 1. *vol. in-12.*

731 Nouveaux intérêts des Princes de l'Europe , par Descourtils. *Col.* 1712. *in-12.*

732 Recueil des anciens Traités de paix , treves , &c. Neutralités. *Amst.* 1700. 4 *vol. in-fol.*

733 Histoire des Traités de paix , &c. du XVII siecle , par de Saint Pret. *Amst.* 1725. 2 *vol. in-fol.*

734 Traités de paix , treves , Neutralités , &c. Recueillis par Léonard. *Paris* , 1700. 6 *vol. in-4.*

735 Supplément au Corps diplomatique , par Dumont Rousset. *Amst.* 1700. 7 *tom.* 5 *vol. in-fol.*

736 Recueil d'Actes de Traités de négociations , &c. par Rousset. *La Haye* , 1728. 21 *vol. in-8.*

737 Histoire des guerres qui précéderent le Traité de Westphalie , par le P. Bougeant. *Par.* 1751. 6 *v. in-12.*

II. DU GOUVERNEMENT ET MANIEMENT

DES AFFAIRES D'ETAT.

738 De l'Etat & Maniement de la chose publique, du Gouvernement des Royaumes & instruction des Princes , trad. de François Patrice Siennois , par Jean le Blond. *Par.* 1584. *in-16.*

739 Discours sur le gouvernement, trad. de l'Anglois , de Sidney , par Samson , *La Haye* , 1702. 3 *v. in-12.*

740 Du Gouvernement Civil , de la nature des pouvoirs & des sociétés politiques , trad. de l'Anglois , de Locke. *Geneve* , 1724. *in-12.*

741 Essai sur le Gouvernement Civil , selon les principes de M. de Fenelon. *in-12.*

742 Des Corps politiques & de leur Gouvernement , par le Pres. La Vie , *Lyon*, 1766. 3 *v. in-12.*

743 La Science du Gouvernement , par de Real , *Par.* 1765. 8 *vol. in-4.*

744 Idée d'une République heureuse , ou l'Utopie de Thomas Morus , trad. par Gueudeville. *Amst.* 1730. *in-12. fig.*

745

745 Le Cyrus moderne , ou difcours fur les moyens de
rendre un Etat heureux & puiflant , trad. de l'All.
de Ludwig , par Geof. Sellius. *La Haye* , 1738. *in-8*.

746 Réflexions hiftoriques & politiques , fur les moyens
dont les Grands Princes fe font fervis pour gouver-
ner & augmenter leurs Etats , avec les qualités d'un
Miniftre. *Leyde* , 1739. *in-8*.

747 Effai fur les mécontentemens populaires , fur la
fanté & la longue vie , par le Chevalier Temple.
Amft. 1744. *in-12*.

748 Le Miniftre d'Etat, par de Silhon. *Leyde* , 1643.
in-12.

III DE L'EDUCATION ET DEVOIRS DES

PRINCES, DE LA COUR.

749 Le Prince de N. Machiavel. *Holl. in-12*.

750 Antimachiavel, ou Effai de critique fur le prince
de Machiavel, par Voltaire. *Amft.* 1741. *in-8*.

751 Recueil de Maximes véritables & importantes ,
pour l'inftitution du Roi , par Joly. *Paris* , 1663.
in-12.

752 Codicille d'or, ou petit recueil tiré de l'inftitution
d'un prince Chrétien , d'Erafme. *Holl.* 1665. *in-12*.

753 L'Education d'un Prince. *Par.* 1670. *in-12*.

754 L'Etude des Souverains. *Par.* 1671. *in-12*.

755 Maximes , avec des exemples, pour l'inftruction
d'un Roi , & former l'efprit & le cœur des jeunes
gens. *Brux.* 1726. 2 *vol. in-12*.

756 Inftruction d'un Prince , ou traité des qualités des
vertus & des devoirs d'un Souverain. *Londres* , 1740.
in-12.

757 Morales des Princes , trad. de l'Italien , de J. B.
Comazi. *La Haye* , 1754. 4 *vol. in-12. broc.*

758 Le Monarque ou les devoirs du Souverain , par Senault. *Par.* 1662. *in-12*.

759 Le Prince de Balzac. *Par.* 1677. *in-12*.

760 Pratique de l'éducation des Princes , par Varillas.
Amft. 1684. *in-12*.

G

761 Idée d'un Roi parfait, par Dechanfierge. *Paris*, 1723. *in-12.*

762 Utilité du pouvoir monarchique, contenant l'hiſtoire de Phalaris, & ſes Lettres ſur le Gouvernement, les Conſeils d'Iſocrate, ou le Modele des Miniſtres. 1726. *in-12.*

763 Traité de la Cour, ou Inſtruction des Courtiſans, par du Refuge. *Leyde*, 1649. *in-12.*

764 Ariſtippe, ou de la Cour, par Balzac. *Par.* 1669. *in-12.*

765 Entretiens d'un homme de Cour, & d'un Solitaire, ſur la conduite des grands, Hiſtoire morale, *Paris*, 1713. *in-12.*

766 Les Arts de l'homme d'épée, ou le Dictionnaire du Gentilhomme, par Guillet. *Par.* 1682. *in-12.*

767 La Science de la Cour, de Chevigny, donnée par Limiers. *Amſt.* 4 *vol. in-12.*

IV. Du Commerce et des Finances.

768 Manuel Hiſtorique, Géographique des Négocians. *Lyon*, 1752. 3 *vol. in-8.*

769 Bibliotheque des jeunes Négocians, par la Rue. *Lyon*, 1758. 2 *vol. in-4.*

770 Hiſtoire du Commerce & de la Navigation, par Huet. *Par.* 1727. *in-12.*

771 Eſſai ſur la Marine des anciens, & particuliérement ſur leurs vaiſſeaux de guerre, par Deſlandes. *Par.* 1748. *in-12. fig.*

772 Dictionnaire univerſel du commerce, par Savary. *Par.* 1723. Supplément. *Par.* 1730. 3 *vol. in-fol.*

773 Eſſais ſur les intérêts du Commerce maritime, par D*** Deſlandes. *La Haye*, 1754. *in-12.*

774 Conſidération ſur le Commerce & la Navigation, trad. de Joshua Gée. *Lond.* 1749. *in-12.*

775 Conſidération ſur le commerce & l'argent, par Law. *La Haye*, 1720. *in-12.*

776 Le Commerce des Hollandois. *Amſt.* 1718. *in-8.*

777 Traité du Commerce, par Ricard, donné par Deſaguilliers. *Par.* 1723. *in-4.*

778 Effai politique fur le commerce, par Melon, 1736. *in*-12.

779 Recueil d'Actes & Pieces, concernant le Commerce de divers Pays de l'Europe. *Lond.* 1754. *in*-12.

780 Le Peuple Inftruit, &c. 1756. *in*-12. *broc.*

781 Remarques fur les avantages & les défavantagés de la France & de la Grande-Bretagne, par rapport au commerce, trad. de l'Anglois de John Nicolls, trad. par Dangeul *Leyde*, 1754. *in*-12.

782 Projets de IV Arrêts du Confeil, pour l'impreffion fur les toiles & étoffes. Et les obfervations & avis des Députés du commerce, 1759. Réflexions fur les avantages de la libre fabrication & de l'ufage des toiles peintes, par l'Abbé Morellet. 1758. Examen des effets que doivent produire l'ufage & la fabrication des toiles peintes. *Par.* 1749. *in*-12.

783 La Nobleffe commerçante, par l'Abbé Coyer. *Lond.* 1756. *in*-12.

784 La Nobleffe militaire, ou le Patriote François. 1756. *in*-12.

785 Traité de la richeffe des Princes & de leurs Etats, par Mr. CC. de P. de B. Allemand. *Par.* 1722. 3 *vol. in*-12.

786 Effai fur les monnoies, ou Réflexion fur le rapport, entre l'argent & les denrées, par Dupré de Saint Maur. *Par.* 1746. *in*-4.

787 Réflexions politiques fur les finances & le commerce, par Dutot. *La Haye*, 1738. 2 *vol. in*-12.

788 Examen du livre intitulé Réflexions politiques fur les finances & le commerce. *La Haye*, 1740. 2. *vol. in*-12.

789 Le Guide général des finances, par J. Hennequin, & les Annotations de Vincent Gelée *Par.* 1611. *in*-12.

790 Le Tréfor des tréfors de France, volé à la Couronne, par les Officiers de Finances, découvert & préfenté, par Louis de Beaufort, 1615. *in*-8.

791 Le Cabinet du Roi de France, dans lequel il y a trois perles d'ineftimable valeur, par Froumenteau. 1681. *in*-12.

792 Le Secret des tréfors de France découvert, par Nicolas Froumenteau, 1681. *in-12.*

793 Projet d'une Dixme Royale, par Vauban, 1707. *in-4.*

794 Mémoires fur les Etats-provinciaux, *in-12.*

795 L'Ami des Hommes, ou Traité de la Population, par M. de Mirabeau. *Paris* 1758. 6 *vol. in-12.*

796 Doutes propofés à l'Auteur de la Théorie de l'Impôt, 1760 & 1761. 2 *vol. in-4.*

797 Méthode des changes étrangers, par Irfon. *Par.* 1714. *in-12.*

798 Tarif des Monnoies de France, d'Angleterre & d'Hollande, par de la Porte. *Par.* 1687. *in-12.*

799 Traité des Monnoyes, de la Jurifdiction de la Cour des Monnoies, hiftoire, valeur, variations &c. des Monnoies de France, par Abr. de Bazinghen. *Paris,* 1764. 2 *vol. in-4.*

MÉTAPHYSIQUE.

I. De l'Ame et de sa Nature, de l'Esprit et de ses Facultés.

800 La Métaphyfique ou Science furnaturelle de Scipion Du Pleix. *Rouen,* 1638. *in-8.*

801 La Métaphyfique de Cochet. *Paris,* 1753. *in-8. br.*

802 De l'Exiftence de Dieu, démontrée par les merveilles de la nature, par Nieuwentit. *Amfterdam,* 1727. *in-4.*

803 Œuvres Philofophiques, ou Démonftration de l'Exiftence de Dieu, par Fénélon. *Amfterdam,* 1731. 2 *vol. in-12.*

804 Differtation de Ant. Arnauld, fur la maniere dont Dieu a fait les Miracles de l'ancienne loi, par le miniftere des Anges. *Cologne,* 1685. *in-12.*

805 Traité des premieres Vérités, & de la fource de nos Jugemens, par Buffier. *Paris,* 1724. *in-12.*

806 Recherche de la Vérité, par Mallebranche. *Paris,* 1700. 3 *vol. in-12.*

807 Critique de la recherche de la Vérité. *Paris,* 1675. *in-12.*

808 Réfutation du systême de Métaphysique du Pere
Mallebranche. *Paris*, 1715. 2 *vol. in*-12.

809 Dialogues de Choify & Dangeau, fur l'Ame, la
Providence, la Religion ; &c *Paris*, 1768. *in*-12.

810 Dialogues entre Hylas & Philonous, fur l'entendement humain, l'ame, la Providence, contre
les Sceptiques & Athées, traduit de l'Anglois de George
Berkeley. *Amfterdam*, 1750. 1 *vol. in*-12.

811 Hiftoire Naturelle de l'ame, traduit de l'Anglois
de Charp. par de la Mettrie. *La Haye*, 1745. *in*-12.

812 Réflexions Philofophiques fur l'immortalité de
l'ame raifonnable, & Remarques fur une lettre où
l'on foutient que la matiere penfe, traduit de l'Allemand. *Amfterd.* 1744. *in*-12.

813 La Belle Wolffienne, avec deux Lettres fur l'immortalité de l'ame & fur l'harmonie préétablie. *La
Haye*, 1741. *in*-12.

814 Réflexions fur la Belle Wolffienne & Eclairciffemens fur l'Efprit humain, par de Croufaz. *Laufanne*, 1743. *in*-12.

815 De la Certitude des connoiffances humaines, ou
Examen Philofophique des diverfes prérogatives de
la foi, traduit de l'Anglois. *Lond.* 1741. *in*-12.

816

817 Lettres fur divers fujets, concernant la Religion
& la Métaphyfique, par Fénelon. *Paris*, 1718.
in-12.

818 Traité de l'ame & de la connoiffance des Bêtes,
par Ant. Dilly. *Amfterd.* 1691. *in*-12.

819 Hiftoire de l'ame des Bêtes, par Guer. *Paris*,
1749. *in*-8.

819 * La Bête transformée en machine, par Darman-
fon. *Hollande*, 1684.

　　Lettre du P. Daniel, fur fon voyage du monde
de Defcartes.

　　Pafquin & Marforio, Dialogue, 1689.

　　Les Médecins vengés par la mort de Molliere,
1694.

　　Réflexions fur la Vie de Defcartes. *La Haye*,
1692. *in*-12.

820 Traité du Beau, où l'on montre en quoi confifte

ce que l'on nomme ainſi, par Crouſaz. *Amſterdam*, 1724. 2 *vol. in* 12.

821 La Philoſophie des Eſprits, par Matthieu le Heurt. *Paris*, 1602. *in-*12.

822 Examen des Eſprits ou Entretiens de Philon & Polialte, par N. de H. *Paris*, 1672. *in-*12.

823 Examen des Eſprits pour les Sciences, traduit de l'Eſpagnol de Jean Huarte, par d'Alibrai. *Paris*, 1645. *in-*8.

824 Du Diſcernement des Eſprits pour les Sciences, traduit du Card. Bona. *Paris*, *in-*12.

825 Syſtême du Cœur, ou la connoiſſance du cœur humain. *Paris*, 1708. *in-*12.

826 Paradoxes Métaphyſiques ſur le principe des actions humaines, traduit de l'Anglois, 1754. *in-*12.

827 Traité de la foibleſſe de l'Eſprit humain, par Huet. *Amſterdam*, 1723. *in-*12.

828 Eſſai Philoſophique ſur l'entendement humain, par Locke, traduit par Coſte. *Amſterdam*, 1742. *in-*4.

829 Vues Philoſophiques ou Proteſtations & déclarations ſur les principaux objets des connoiſſances humaines, par M. de Prémontval. *Amſterdam*, 1757. 2 *vol. in-*12. *br.*

830 Diſſertation Phyſique ſur la force de l'imagination des femmes enceintes. *Leyde*, 1737. *in-*8.

831 Diſſertation Phyſique à l'occaſion du Negre blanc. *Leyde*, 1744. *in-*12. *br.*

832 Fortunius Licetus de Monſtris, ex recenſione Gerardi Blaſii. *Amſterd.* 1665. 1 *vol in-*4. *fig.*

833 Phantaſiologie ou Lettres Philoſophiques ſur la faculté imaginative. *Paris*, 1760. *in-*12.

II. Des Spectres, Visions, Apparitions et Science cabalistique.

834 De la Lycanthropie, transformation & extaſe des Sorciers. *Paris*, 1615. *in-*8.

835 Diſcours & Hiſtoires des Spectres, Viſions & Apparitions des Eſprits, Anges, Démons & ames ſe

montrant visiblement aux hommes, par Pierre
le Loyer. *Paris*, 1605. 1 *vol. in-*4.

836 Apulé de l'Esprit familier de Socrate. *Par.* 1698.
*in-*12.

837 Differtation fur les Apparitions à l'occafion de
l'aventure de S. Maur. *Paris*, 1707. *in-*12. *br.*

838 Hiftoire de la poffeffion & converfion d'une Pénitente, par Michaelis. *Paris*, 1613. *in-*8.

839 L'Anti-Démon de Mafcon, par Perraud. *Geneve*,
1656. *in-*12.

840 Deux Traités de Lambert Daneau, des Sorciers
& des Jeux, 1579. *in-*8.

841 Difcours éxecrable des Sorciers, leurs procès,
par Henri Boguet. *Paris*, 1602. *in-*8.

842 Hiftoire des imaginations extravagantes de M.
Oufle. *Paris*, 1712. 2 *vol. in-*12. *fig.*

843 Le Fléau des Démons & Sorciers, par J. B. An-
gevin. *Nyort*, 1616. *in-*8.

844 Hiftoire de Jean Faufte enchanteur. *Rouen*, 1667.
*in-*12.

845 Philofophie occulte de Hen. Corn. Agrippa, trad.
La Haye, 1727. 2 *vol. in-*8. *fig.*

846 Le Comte de Gabalis, ou Entretiens fur les Sciences fecrettes, par de Villars. *Londres*, *Trévoux*, 1742.
2 *vol. in-*12.

847 La Baguette juftifiée & fes effets démontrés naturels, par Comiers, 1693. *in-*12.

848 Inftructions familieres pour apprendre les Sciences de Chyromancie & de Phyfionomie, par Belot,
*in-*8.

849 La Magie naturelle. *Lyon*, 1615. *in-*12.

850 La Magie naturelle ou Mêlanges divertiffans.
Amfterdam, 1715. *in-*12.

851 Admirables Secrets d'Albert le Grand. *Cologne*,
1722. *in-*12. *fig.*

852 Secrets merveilleux de la Magie Cabaliftique du
petit Albert. *Lyon*, 1729. *in-*12. *fig.*

853 Curiofités inouies fur la Sculpture talifmanique
des Perfans, par Gaffarel, 1650. *in-*8.

854 Propheties de Noftradamus, *Lyon*, 1698. *in-*12.

855 Concordance des Prophéties de Noſtradamus, par Guinaud. *Paris, in-12.*

PHYSIQUE.

PHYSIQUE GÉNÉRALE ET PARTICULIÈRE.

856 Phyſique de Rohault. *Paris,* 1682. *in-4.*

857 Phyſique & Méchanique de C. & P. Perrault. *Leyde,* 1721. 2 *vol. in-4.*

858 Expérience Phyſique de Poliniere. *Paris,* 1728. *in-12.*

859 Phyſique nouvelle en Dialogues, par le P. Regnault. *Paris,* 1729. 3 *vol. in* 12.

860 Bibliothéque des Philoſophes & Savans tant anciens que modernes, par H. Gautier. *Paris,* 1723. 2 *vol. in-8.*

861 Bibliothéque de phyſique & d'hiſtoire naturelle. *Paris,* 1758. 5 *vol. in-12.*

862 Collection académique, ou Recueil de pieces concernant l'Hiſtoire naturelle, la Botanique, la Phyſique *Dijon,* 1750. & *ſuiv.* 9 *vol. in-4. fig.*

863 Dictionnaire de Phyſique, par le P. Paulian. *Avignon,* 1761. 3 *vol. in-4. fig.*

864 Abrégé du même. *Avignon,* 1767. 2 *vol. in-8.*

865 Le Théatre de la nature de Jean Bodin, trad. du Lat. par de Fougeroles. *Lyon,* 1597. *in-8.*

866 Les jours caniculaires, ou Diſcours de choſes naturelles & ſurnaturelles, embellis de l'hiſtoire, tant ancienne que moderne, trad. du Latin de Simon Maiole, par François de Roſſet *Paris,* 1609. 2 *vol. in-4.*

867 Principes de la nature ſuivant les opinions des anciens Philoſophes, leurs ſentimens ſur la compoſition des corps. *Paris,* 1725. 3 *vol. in-12.*

868 La Nature expliquée par le raiſonnement & l'expérience, par Deniſe. *Paris,* 1719. *in-12. fig.*

869 Eſſais des merveilles de la nature, par Réné François. *Paris,* 1632. *in-8.*

870 Principes de la Nature ou de la Génération des choſes, par Colonne. *Paris,* 1731. *in-12.*

871
872

873 De l'empire de l'homme, fur les autres animaux
& fur toutes les créatures fublunaires, où il eft
prouvé qu'il eft le favori de Dieu & de la nature,
par de Galatheau. *Paris*, 1676. *in-12.*

874 Traité de l'équilibre des liqueurs & de la pefan-
teur de la maffe de l'air, par Pafcal. *Paris*, 1663.
in 12.

875 Nouveau fyftême du Monde ou Entretiens de
Telliamed Philofophe Indien, avec un Miffionnaire
François, 1 *vol. in-fol. qui paroît antérieur à l'édi-
tion.*

876 Le même. *Amfterdam*, 1748. 2 *tom.* 1 *vol. in-8.*

877 Le monde naiffant ou la création du monde démontrée par des principes conformes à l'hiftoire de
Moïfe. *Utrecht*, 1686. *in-12.*

878 Pluralité des Mondes, par Fontenelle. *Paris*,
1703. *in-12.*

879 Nouveau Traité de la pluralité des Mondes, traduit du Lat. d'Hughens. *Paris*, 1702. *in-12.*

880 Réponfe aux queftions d'un Provincial. *Rotterd.*
1704. 5 *vol. in-12.*
Sentimens de Maxime & Themifte, par Jacquelot.
Rotterd. 1708. *in-12.*

881 Lettre fur la Comette, 1742.
Avis au public, Réponfe du public, Réponfe au
public, 1740.
Effais fur la nature de l'air, du vent, du ridicule,
1741.
Projet d'une hiftoire de Paris, fur un plan nou-
veau, 1739.
Mémoire de Jorre, contre Voltaire, &c. *in-12.*

882 Lettre fur la Comette, 1742.
Lettre de Madame de L. M. à M. D. R. fur les
Obfervations de l'Abbé des Fontaines, 1742. *in-12.*

883 Réflexions fur la fermentation & la nature du feu,
par de Rouviere. *Paris*, 1708. *in-12.*

884 Traité du feu & du fel, par Blaife de Vigenere.
Paris, 1622. *in-4.*

H

HISTOIRE NATURELLE.

885 Hiftoire Naturelle de l'univers, par Colonne. *Par.* 1734. 4 *vol. in-12. fig.*

886 Le Spectacle de la Nature ou Entretiens fur les particularités de l'Hiftoire Naturelle, par Pluche. *Paris*, 1742. 4 *vol. in-12. fig.*

887 Hiftoire du Ciel où l'on recherche l'origine de l'idolâtrie, &c. *Paris*, 1742. 2 *vol. in-12. fig.*

888 Hiftoire Naturelle, générale & particuliere, &c. par MM. de Buffon & d'Aubenton. *Paris*, *Imprim. Royale*, 1752. *& fuiv.* 32 *vol. in-12.*

889 Lettres Amériquaines fur l'Hiftoire de M. de Buffon, le fyftême de Telliamed, &c. par M. de Lignac. *Hambourg*, 1751. 3 *vol. in-12. broché.*

890 Dictionnaire raifonné des animaux, par M. Des Bois. *Paris*, 1759. 4 *vol. in-4.*

891 Hiftoire Naturelle des Oifeaux, par M. de Briffon. *Paris*, 1750. 6 *vol. in-4. fig.*

892 Hiftoire des Infectes, par M. Geoffroi. *Paris*, 1764. 2 *vol. in-4. fig.*

892 * Métamorphofes Naturelles, ou Hiftoire des Infectes, par Goedard. *Amfterd.* 1700. 3 *vol. in-8.*

893 Le Gouvernement admirable ou la République des abeilles, par Simon. *Paris*, 1742. *in-12. fig.*

894 Des Dragons & Efcarboucles, par J. B. Panthot. *Lyon*, 1691. *in-12.*

895 Le Mercure Indien & Tréfor de l'Inde, par P. de Rofnel. *Paris*, 1678. *in-8.*

896 Le Parfait Joaillier ou Hiftoire des Pierreries, trad. de Anfelme Boece de Boot, par André Toll. *Lyon*, 1644. *in-8.*

897 Mélanges d'Hiftoire Naturelle, par Dulacq. *Lyon*, 1762. 6 *vol. in-8. fig.*

AGRICULTURE ET BOTANIQUE.

898 L'Agriculture & Maifon Ruftique de Charles-Etienne, donnée par Liébault. *Lyon*, 1702. *in-4.*

899 Nouveau Théatre d'Agriculture & de ménage des champs, par Liger. *Paris*, 1713. *in* 4.

900 Dictionnaire pratique du bon ménager ; par Liger. *Paris*, 1715. *in*-4.

901 La Nouvelle Maison rustique, &c. *Paris*, 1768. 2 *vol. in*-4. *fig.*

902 L'Agronome ou Dictionnaire du Cultivateur, de la maniere de conduire, faire valoir un bien de campagne, &c. *Paris*, 1765. 2 *vol. in*-8.

903 Le Gentilhomme cultivateur ou Corps complet d'Agriculture, tiré des meilleurs Auteurs Anglois, &c. par Dupuy d'Emportes. *Paris*, 1762. 16 *volume in*-12. *fig.*

904 Agrémens de la Campagne ou Remarques sur la construction des maisons de Campagne, des jardins, &c. *Leyde*, 1750 *in*-4. *fig.*

905 Observations sur divers moyens de soutenir & d'encourager l'Agriculture, principalement dans la Guyenne, 1756. *in*-12.

906 Dictionnaire Botanique & Pharmaceutique. *Par.* 1716. 1 *vol. in*-8.

907 Observations sur les Plantes & leur analogie, avec les insectes. *Strasbourg*, 1741. *in*-8.

908 Abrégé de l'Histoire des Plantes, par Chomel. 1736. 3 *vol. in*-12.

909 Histoire des Plantes qui naissent aux environs d'Aix & dans plusieurs autres endroits de la Provence, par Garidel Docteur en Médecine. *Aix*, 1715. 1 *vol. in fol.*

910 Le Jardinier Fleuriste & l'Historiographe, ou la Culture universelle des arbres, arbustes, fleurs, &c. par L. Liger. *Amsterdam*, 1706. *in*-12.

911 Histoire du Tabac, par de Prades. *Paris*, 1677. *in*-12.

912 Curiosité de la Nature & de l'Art sur la Végétation, l'Agriculture & le Jardinage, par Vallemont. *Paris*, 1711. *in*-12.

PHARMACOPÉE, CHYMIE ET ALCHYMIE.

913 Histoire générale des Drogues, par Pomet. *Par.* 1694. 1 *vol. in-fol. fig.*

914 Pharmacopée théorique, par Chefneau. *Paris*, 1682. *in-4.*

915 Cours de Chymie, par Lemeri. *Paris*, 1691. 1 *vol in-8.*

916 Le Cuifinier Royal & Bourgeois. *Paris*, 1712. 3 *vol. in-12.*

917 Confiturier Royal. *Paris*, 1737. *in-12.*

918 Traité de Cuifine. *Paris*, 1739. 3 *vol. in-12.*

919 Dons de Comus, ou les Délices de table. *Paris*, 1739. *in-12.*

920 Le Cuifinier moderne, par Vincent de la Chapelle. *La Haye*, 1742. 5 *vol. in-8. fig.*

921 Le Cofmopolite, ou nouvelle lumiere de la Phyfique naturelle, par Bofney. *Paris*, 1629. *in-8.*

922 La Clavicule ou Science de Raymond Lulle, donné par Jacob. *Paris*, 1647. *in-8.*

923 Les Œuvres de Gabriel de Caftaigne. *Paris*, 1661. *in-8.*

924 Bibliothéque des Philofophes chymiques, ou Recueil des Auteurs les plus approuvés qui ont écrit fur la pierre philofophale, *Paris*, 1672. 2 *volum. in-12.*

925 La Science naturelle du Juge des Chicanes de l'école, par de Saint-Romain. *Paris*, 1679. *in-12.*

926 Secrets de la Philofophie des Anciens, découverts & expliqués, par Croffet de la Haumerie. *Par.* 1722. *in-12.*

MÉDECINE, CHIRURGIE, ANATOMIE.

927 Œuvres d'Ambroife Paré. *Lyon*, 1664. 1 *volume in-fol. broché.*

928 Dictionnaire de Médecine François & Latin, par Elie Col de Vilars. *Paris*, 1741. *in·12.*

929 Le Médecin hiftorial où l'on décrit la vertu des animaux & de toutes les fimples, avec un Difcours fur la longue & courte durée de la vie de l'homme, par Baudouin. *Paris*, 1652. *in-12.*

930 Le Médecin charitable, ou Œuvres de Philibert Guybert. *Rouen*, 1661. *in-12.*

931 Le Cours de Médecine, en François, contenant le Miroir de beauté & santé corporelle, par L. Guyon fieur de la Nauche, donné par Lazare Meyfonnier. *Lyon*, 1671. *in*-4.

932 Le Médecin de foi-même, ou l'Art de fe conferver la fanté par l'inftinct. *Leyde*, 1682. *in*-12.

933 Traité de Primerofe fur les erreurs vulgaires de la Médecine, par Roftagni. *Lyon*, 1689. *in*-8.

934 Confeils & moyens affurés & faciles pour vivre plus de cent ans en parfaite fanté, traduit de l'Italien de Cornato. *Amflerdam*, 1703. *in*-12.

935 Principes de Phyfique rapportés à la Médecine, par Chambon. *Paris*, 1711. *in*-12.

936 Nouvelles découvertes en Médecine, par de Marconnay. *Paris*, 1729. 1 *vol. in*-12.

937 Caprices de Médecine de Fioravanti, *in*-12.

938 Traité des maladies les plus fréquentes & de leurs remedes, par Helvetius. *Paris*, 1707. 1 *vol. in*-12.

939 Traité de la Matiere médicale, ou Vertu, choix & ufage des remedes fimples, par Geoffroy. *Paris*, 1743. 7 *vol. in*-12.

939 * Ettmuler : du Choix des Médicamens. *Lyon*, 1710. *in*-8.

940 De la Digeftion & des maladies de l'eftomac. *Paris*, 1712. *in*-12.

941 Traité des Difpenfes de Carême. *Paris*, 1709. *in*-12.

942 Traité des Vertus médicinales de l'eau commune, par Smith. *Paris*, 1725. *in* 12.

943 Vertus médicinales de l'eau commune, &c. *Paris*, 1730. 2 *tom.* 4 *vol. in*-12.

944 De l'Onanifme, Difcours philofophique & moral, par Tiffot. *Laufanne*, 1760. *in*-12.

945 Syftême de Boerhaave, fur les maladies Vénériennes, traduit par la Metterie. *Paris*, 1735. *in*-12.

946 Le Naturalifme des Convulfions, la Caufe des Convulfions finies. *Soleure*, 1732. 1 *vol. in*-12.

947 Nouveaux fecrets expérimentés pour conferver la beauté des Dames, & pour guérir toutes fortes de

maladies , par Digby. *La Haye* , 1715. 2 *tom.* 1 *vol. in-12.*

948 Recueil de Secrets & Curiofités de la nature & de l'Art , par Lemeri. *Amfterd.* 1709. 2 *vol. in-12.*

949 Hiftoire des perfonnes qui ont vécu plufieurs fiecles , & le fecret du rajeuniffement , traduit d'Arnaud de Villeneuve, par de Longueville Harcouet. *Paris* , 1715 *in-12.*

950 Effai Phyfique fur l'économie animale , par François Quefnay. *Paris* , 1736. *in-12.*

951 Nouvelle Anatomie , ou ufage de la ftruĉture du corps de l'homme, par Tauvry. *Paris* , 1690. *in-12. figures.*

952 Anatomie du corps humain , traduit du Latin de Diemerbroek , par Jean Proft. *Lyon* , 1695. 2 *vol. in-4. fig.*

953 De l'Ufage des parties , & les organes des fens internes & externes , par J. B. Verduc. *Paris* , 1696. 2 *vol. in-12.*

954 L'Anatomie de l'homme démontrée , par Dionis. *Paris* , 1698. *in-8. fig.*

955 L'Anatomie d'Heifter. *Paris* , 1724. *in-8.*

956 Anatomie Chirurgicale de Palfin, donné par Boudou. *Paris* , 1734. 2 *vol. in-8. fig.*

957 Anatomie raifonnée du corps humain , par Deidier. *Paris* , 1742. *in-8.*

958 Defcription Anatomique des parties de la femme qui fervent à la génération , avec un Traité des Monftres , &c. par Jean Palfin. *Leyde* , 1708. 1 *vol. in-4. fig.*

959 La Magnifique Doxologie du feftu , par S. Roulliard. *Paris* , 1610. *in-8.*

960 Traité des maladies des femmes groffes , par Mauriceau. *Paris* , 1740. 2 *vol. in-4. fig.*

961 L'Indécence aux hommes d'accoucher les femmes , & de l'obligation aux femmes de nourrir leurs enfans, par Hecquet. *Trévoux* , 1708. *in-12.*

962 Les XIV Livres de Ph. Theophrafte Paracelfe Bombaft , des Secrets de Phyfique & de Chirurgie , traduit du Latin de Sarcilly. *Paris* , 1631. *in-4.*

963 L'Arcenal de Chirurgie de Jean Scultet, donné
par F. de Boze. *Lyon*, 1675. *in*-4.

964 L'Appareil commode, en faveur des jeunes Chi-
rurgiens, par le Clerc. *Par.* 1700. *in*-12.

965 Obfervations fur les effets de la faignée, par Quefnay, & des Obfervations de Silva. *Par.* 1730. *in*-12.

966 Cours de Chirurgie démontrée, par Dionis, &
augmentée par de la Faye. *Par.* 1740. *in*-8.

MATHÉMATIQUE.

967 Dictionnaire mathématique, ou Idées générales
des mathématiques, par Ozanam. *Par.* 1691. *in*-4.

968 Cours complet de mathématique, par Ozanam.
Par. 1690. 5 *tom.* 10 *vol. in*-8. *fig.*

969 Récréations mathématiques & phyfiques, du
même. *Paris*, 1741. 4 *vol. in*-8 *fig.*

970 Les Amufemens mathématiques, par Panckouke.
Paris, 1749. *in*-12.

971 L'Art & la Science des nombres, en François &
en Latin, ou l'Arithmetique pratique en vers latins,
par Ouvrard. *Paris*, 1677. 1 *vol. in*-4.

972 Arithmétique de Lavatinne. *Paris*, 1694. *in*-8.

973 Pratique d'Arithmétique, par Monier de Clair-
combe. *Paris*, 1697. *in*-12.

974 Elémens d'Arithmétique d'Algebre, par Delagny.
Paris, 1697. *in* 12.

975 Le Livre néceffaire, par Barême. *Paris*, 1708.
in-12.

976 L'Arithmétique en fa perfection, par le Gendre.
Paris, 1730. *in*-12.

977 Les Comptes faits de Barême. *Paris*, *in*-12.

978 Alberti Dureri inftitutionum geometricarum libri
quatuor. *Arnhemiæ*, 1605. 1 *vol. in*-fol.

979 Pratique de géometrie, fur le Papier & fur le
Terrein, par le Clerc. *Paris*, 1682. *in*-12. *figures*,
de l'Auteur. *in*-12.

980 Géométrie des lignes & des furfaces rectilignes &
circulaires, par Croufaz. *Amft.* 1718. 2 *vol. in*-12.

981 Propofition d'une mefure de la terre, par Danville.
Paris, 1735. *in*-12.

982 Traité du Nivellement, la Théorie & pratique de
cet Art, par Bullet. *Paris*, 1688. *in-12*.

983 Traité des forces mouvantes, par Camus. *Paris*,
1722. *in-8*.

984 Traité de Méchanique de l'équilibre, des solides
& des liqueurs, par Lami. *Amst.* 1734. *in-12*.

985 Description du Ventilateur, traduit de l'Anglois
de Hales, par Demours. *Paris*, 1744. *in-12. br.*

986 Elémens d'Astronomie & de Géographie, par Panckoucke. *Lille*, 1739. *in-12*.

987 L'Usage du Globe céleste & terrestre, par Bion.
Paris, 1717. *in-8*.

988 Maniere universelle de poser l'essieu, & de placer
les heures aux cadrans, au soleil, de Desargues,
par Bosse. *Paris*, 1643. *in-8 fig*.

989 Le Pilote, ou Secret du flux & reflux de la mer,
en une explication de la quadrature du cercle. *Paris*,
1699. *in-12*.

990 Paradoxes de Meynier, contre les Mathémati-
ciens qui abusent la jeunesse, par Meynier. *Paris*,
1652. *in 12*.

MUSIQUE.

991 Dialogue sur la Musique des anciens. *Par.* 1725.
in-12.

992 Histoire de la Musique & de ses effets (par Bon-
net) *Amst.* 1725. 4.tom. 2 *vol. in-12*.

993 Histoire de l'Académie Royale de Musique, depuis
son établissement jusqu'à présent. *Paris*, 1757. 2 *vol.*
in-8. broché.

994 Réflexion d'un Peintre sur l'Opéra. *La Haye*, 1743.
in-12.

995 Cabinet Harmonique de Bonnani, contenant la
description & représentation de tous les instrumens
de musique, par Bonnani, *Rome*, 1722. 1 *vol. in-4.*
fig. en Italien.

LES ARTS.

Dᴇssᴇɪɴ, Pᴇɪɴᴛᴜʀᴇ, Aʀᴄʜɪᴛᴇᴄᴛᴜʀᴇ, &c.

996 Principes d'Architecture, Sculpture, Peinture & un Dictionnaire des termes propres à chacun de ces Arts, par Felibien. *Holl.* 1699. *in-4. fig.*

997 Encyclopédie Élémentaire des Artistes, par Petity. *Par.* 1767. 3 *vol. in-4. fig.*

998 L'Art de Dessiner, de Jean Cousin ; donné par Fran. Jollain. *in-4. oblong.*

999 Histoire des Arts qui ont rapport au Dessein, par Monier. *Par.* 1698. *in-12.*

1000 L'Art de la Peinture, poëme, trad. de C. A. du Fresnoy, par de Pilles. *Paris*, 1684. figures d'Académie, par Seb. le Clerc. 1 *vol. in-12.*

1001 Cours de Peinture par principes, par de Pilles. *Paris*, 1708. *in-12.*

1002 Lud. Smids pictura loquens sive heroïcarum tabularum Schonnebeeck enarratio & explicatio. *Amstel*, 1695 *in-8. fig.*

1003 Dictionnaire des monogrammes, chiffres, lettres initiales, logogryphes, rébus, sous lesquels les Peintres, Graveurs & Dessinateurs ont dessiné leurs noms. Trad. de l'Allemand de Christ, par Sellius. *Paris*, 1750. *in-8. fig.*

1004 Cabinet des singularités d'Architecture, Peinture, Sculpture & Gravure, par Florent le Comte. *Paris*, 1699. 3 *vol. in-12.*

1005 Mémoires Critiques d'Architecture, par Fremin. *Par.* 1702. *in-12.*

1006 Architecture pratique, par Bullet. *Par.* 1722. *in-8.*

1007 Traité d'Architecture, ou proportions des trois ordres, par Jean Antoine. *Treves*, 1768. *in-4. fig.*

1008 Termes (d'Architecture, ou Colonnes formées des corps & têtes) des animaux & leur Antipatie, *in-12. gravé & orné de figures.*

1009 Délices, ou Description du Laurentin, & de la maison de Toscane, maisons de Pline le jeune, & le Peintre parfait, par Felibien. *Amst.* 1736. *in-12. fig.*

I

1010 Traité de la Peinture & de la Sculpture, par Richardson. *Amst.* 1728. 3 tom. 2 *vol. in-*8.

1011 Réflexions Critiques sur les différentes écoles de Peinture, par d'Argens. 1752. *in-*12. *broc.*

1012 Lettre sur la Peinture, Sculpture & Architecture. *Paris,* 1748. *in-*12.

1013 Nouveaux Desseins pour la décoration des maisons & jardins. *in-fol.*

1014 Architecture ou Art de bien bâtir, de Marc Vitruve Pollion, trad. de Lat. en Franç. par Jean Martin *Par.* 1572. 1 *vol. in-fol. fig.*

1015 Traité de la perspective-pratique, avec des remarques sur l'Architecture, par Courtome. *Paris,* 1725. 1 *vol. in-fol. fig.*

1016 Traité de Perspective, où sont contenus les fondemens de la Peinture, par le P. Bernard Lami. *Amst.* 1734. *in-*12.

ART DE LA GUERRE ET DE LA CHASSE.

1017 Les Ruses de Guerre de Polyen, trad. du Grec en François, avec des notes & les stratagêmes de Frontin. *Par.* 1739. 2 *vol. in-*12.

1018 Elémens de l'Art militaire, par d'Héricourt. *Par.* 1756. 6 *vol. in-*12.

1019 Mémoire sur la guerre, ou Maximes les plus nécessaires dans les opérations de l'Art militaire. *Amst.* 1730. *in-*12.

1020 Esprit des Loix de la Tactique, par de Bonneville, *La Haye,* 1762. 1 *vol. in-*4. *fig.*

1021 Mémoires sur la guerre, par le Marquis de Feuquieres. *Amst.* 1735. 3 *vol. in-*12.

1022 Mémoires Militaires de Guischard. *Lyon,* 1759, 2 *vol. in-*4.

1023 Abrégé des Commentaires de Folard, sur l'Histoire de Polybe, par de Chabot. *Paris,* 1754. 3 *vol. in-*4. *fig.*

1024 Mes Rêveries, par le Maréchal de Saxe. *Amst.* 1757. 2 *vol. in-*4. *fig.*

1025 Nouveau Traité de la Perfection sur le fait des armes, par F. Girard. *Par. in-*4. Oblong. *fig.*

1026 Venerie Royale, de la chasse du cerf, du lievre, du chévreuil, du sanglier, &c. par Salnove. *Paris,* 1655. *in-4.*

1027 La Fauconnerie d'Arcussia & de Desparon. *Paris,* 1 *vol. in-4.*

1028 Les Ruses innocentes du Solitaire inventif, *Par.* 1610 1 *vol. in-4. fig.*

1029 Amusemens de la chasse & de la pêche, par Liger. *Paris,* 1753. 2 *vol in-12.*

1030 Traité de Venerie, par de Chappeville, *Paris,* 1750. 1 *vol. in-8. fig.*

1031 Dictionnaire Théorique & pratique de la chasse & de la pêche. *Paris,* 1769. 2 *vol. in-8.*

MÉTIERS ET JEUX.

1032 Description abrégée des principaux Arts & Métiers, & des instruments qui leur sont propres, le tout détaillé par figures. *Paris.* 1 *vol. in-4.*

1032 * Secrets concernant les Arts & Métiers. *Brux.* 1747. 3 *vol. in-12.*

1033 La Pirotéchnie, ou l'Art du Feu, par Vanoceio Biringuccio. *Paris,* 1572. *in-4.*

1034 L'Art de la Verrerie, par Haudicquer de Blancourt. *Paris,* 1718. 2 *vol. in-12. fig.*

1035 Le Tailleur sincere, par Boullai. 1673. *in-12.*

1036 Le Parfumeur Royal, ou l'Art de composer toutes sortes de parfums, &c. par Barbe. *Par.* 16 9. *in-12.*

1037 L'Encyclopédie Perruquiere, par Beaumont. *Par.* 1757. *in-12. fig.*

1038 Académie universelle des Jeux. *Par.* 1718. *in-12.*

1039 Le Jeu des Dames, & la méthode d'y bien jouer, par Mallet. *Paris,* 1668. *in-12.*

1040 Le Jeu du Trictrac. *Paris,* 1698. *in-12.*

1041 Le Jeu de l'Hombre. *Paris. in-12.*

BELLES-LETTRES.

GRAMMAIRES ET DICTIONNAIRES.

1042 Analyfe abrégée de toutes les Sciences, Beaux-Arts & Belles-Lettres, par le B. de Bielfeld. *Berlin*, 1768. 4 *vol. in-*12.

1043 La Méchanique des Langues, & l'Art de les enfeigner, par Pluche, en Lat. & en Franç. *Paris*, 1751. 2 *tom.* 1 *vol. in-*12.

1044 Nouvelle Méthode pour apprendre la Langue Latine (par Lancellot) de Port-Royal. *Paris*, 1736. *in-*8.

1045 Le Poftulant, ou Introduction, & Effai de Méthode pour la Langue Latine, par Magniez. *Paris*, 1722. *in-*8.

1046 Jeu Royal de la Langue Latine, par Gabriel de Foigny. *Lyon*, 1674. 1 *vol. in-*12.

1047 J. A Comenii janua linguarum referata. *Amft.* 1665. *in-*8.

1048 Indiculus univerfalis. *Lyon* 1699. *in-*12.

1049 Magniez novitius Dictionnarium, Latino Gallicum. *Par.* 1722. 2 *tom* 1 *vol. in-*4.

1050 Apparat Royal, ou Dictionnaire Latin & Franç. *Par.* 1718. *in-*8.

1051 Dictionnaire François Latin, de Tachard. *Par.* 1689 *in* 4.

1052 Dictionnaire Latin & François, de Danet. *Lyon.* 1740 *in-*4

1053 Dictionnaire François Latin, du même. *Lyon.* 1737 *in* 4.

1054 Dictionnaire François Latin, de Joubert. *Lyon*, 1757. 1 *vol. in* 4.

1055 Projet pour perfectionner les Langues de l'Europe, par l'Abbé de St. Pierre. *Par.* 1730. 1 *vol. in-*8.

1056 Analogie de la Langue Latine, par de Lœuvre. *Par.* 1698. *in-*12.

1057 Harmonie Etymologique des Langues, par Guichard. *Par.* 1631. *in-8.*

1058 Méthode pour apprendre à lire le François & le Latin, par Délaunay. *Par.* 1741. *in-12.*

1059 Grammaire Françoife générale & raisonnée, par Lancelot de Port-Royal, *Par.* 1660. *in-12.*

1060 Méthode pour apprendre la Langue Françoife, par Irson. *Par.* 1662. *in-12.*

1061 Obfervations de Ménage fur la Langue Franç. *Par.* 2 *vol. in-12.*

1062 Remarques & nouvelles Remarques de Vaugelas, fur la Langue Françoife, avec les notes de Corneille. *Par.* 1687. 3 *vol. in-12.*

1063 Doutes & Remarques nouvelles fur la Langue Françoife, par Bouhours. *Par.* 1675. 4 *v. in-12.*

1064 Grammaire Méthodique, & les principes les plus néceffaires de la Langue Françoife, par d'Allais. *Par.* 1681. *in-12.*

1065 L'Art de parler François, par Latouche. *Amſt.* 1691 2 *vol. in-12.*

1066 L'Art de prononcer la Langue Françoife, par J. H. D. K, *Par.* 1696. 2 *vol. in-12.*

1067 Traité de la Langue Françoife, par Frein du Tremblay. *Par.* 1703. *in-12.*

1068 Gram. Franç. de Regnier Defmarets. *Paris,* 1706. *in-12.*

1069 Eclairciffemens fur la Langue Françoife, par Grimarets. *Paris,* 1712. *in-12.*

1070 La Langue Françoife expliquée, dans un Ordre nouveau, par M. V. Malherbe. *Par.* 1725. *in-12.*

1071 Grammaire Françoife de Buffier. *Par. in-12.*

1072 Grammaire Françoife de Reftaut. *Par. in-12.*

1073 Regles de la Prononciation Françoife. *Paris,* 1711. *in-12.*

1074 De la Profodie Françoife, par l'Abbé d'Olivet. *Paris,* 1736. *in-12.*

1075 Des Tropes, ou différens fens dans lefquels on peut prendre un même mot, par Dumarfais *Paris,* 1730 *in-8.*

1076 Synonimes François, leurs différentes fignifications, &c. par Girard. *Par. in-12.*

1077 Des Mots à la mode, & des nouvelles façons

de parler. *Par.* 1692. Remarques & décisions de l'Académie Françoise, par M. L. T. *Paris*, 1698. 1 *volume in-12.*

1078 Politesse de la Langue Françoise, pour la parler purement & écrire nettement. *Par.* 1672. *in-12.*

1079 Réflexions sur l'usage présent de la Langue Franç. & la politesse du langage. *Par.* 1689. *in-12.*

1080 Le Génie, la politesse, l'esprit, la délicatesse de la Langue Françoise, avec des pensées ingénieuses & des bons mots. *Par.* 1705. *in-12.*

1081 Nouveau Secrétaire de la Cour, le Cérémonial & Regles de bienséance, &c. *Par.* 1727. *in-12.*

1082 Discours & Lettres sur la langue, & l'ortographe Françoise. *in-8.*

1083 Principes de l'ortographe Françoise. *Paris*, 1725. *in-12.*

1084 Méthode d'ortographe, par Jacquier. *Par.* 1733. 2 *vol. in-8.*

1085 Dialogue sur l'ortographe. *La Haye*, 1736. *in-12.*

1086 Traité de l'ortographe Françoise, par forme de Dictionnaire, par le Roy, & donné par Restaut. *Poitier*, 1752. *in-8.*

1087 Dictionnaire universel, contenant tous les mots françois, recueilli & compilé par Furetiere; revu, corrigé & augmenté par Basnage de Beauval. *Rot.* 1708. 3 *vol. in-fol*

1088 Dictionnaire François de Pierre Richelet. *Lyon*, 1759. 3 *vol. in-fol.*

1089 Abrégé du Dictionnaire universel, Franç. Lat. de Trévoux, donné par l'Abbé Berthelin. *Paris*, 1762. 3 *vol. in-4.*

1090 Dictionnaire universel des Sciences & des Arts, Franç. Latin, Anglois, par Diché. *Avignon*, 1756. 2 *vol. in-4.*

1091 Dictionnaire Etymologique, ou Origine de la Langue Françoise, par Ménage, donné par Caséneuve. *Paris*, 1694. 1 *vol. in-fol.*

1892 Réquête des Dictionnaires à MM. de l'Académie-Françoise, pour la réformation de la Langue. *in-12.*

1093 Factum de Furetiere, &c. *Amst.* 1686. *in-12.*

1094 Apothéose du Dictionnaire de l'Académie, & son expulsion de la Région céleste. *La Haye*, 1696. *in-12.*

1095 Dictionnaire de la Langue Romanne, ou du vieux Langage. *Paris*, 1768. *in-8.*

1096 Manuel léxique, ou Dictionnaire des mots dont la signification n'est pas familiere à tout le monde. *Par.* 1755. 2 *vol in 8.*

1097 Le Grand Dictionnaire des Précieuses, par Somaise. *Par.* 1661. 3 *vol. in 8.*

1098 Dictionnaire Néologique à l'usage des beaux-esprits du siecle, & l'Eloge Historique de Pantalon Phœbus, par (l'Abbé Desfontaines) *Amsterdam*, 1 *vol. in-12.*

1099 Curiosités Françoises, ou supplément aux Dictionnaires, ou Recueil de Proverbes, Quolibets, &c. par Antoine Oudin. *Paris*, 1656. *in-8.*

1100 Recueil de Pieces, le Grand Dictionnaire des Proverbes & autres Pieces Critiques *in-8.*

1101 Dictionnaire Comique, Satyrique, Critique, Par P. J. le Roux. *Lyon*, *Holl.* 1735. 1 *vol. in-8.*

1102 Coup d'œil des Dictionnaires François, & l'Ortographe de chaque mot, par Jacquier. *Par.* 1748. *in-8.*

1103 Le Maître Italien, par Veneroni. *Paris*, 1685. *in-12.*

1104 Dictionnaire Italien-François, & François Italien, par le même. *Par.* 1768. 2 *tom.* 1 *vol. in-4.*

1105 Grammaire Françoise & Flamande, de Tassin. *Gand*, 1736. *in 8.*

1106 Le Maître Allemand, ou Grammaire Allemande, de Gottsched. *Strasbourg.* 17 8. *in-8.*

1107 Dictionnaire des deux Nations Allemande & Françoise. *Strasbourg*, 1764. 2 *vol. in 8.*

1108 Dictionnaire Anglois & François, Franç. & Ang. de Boyer. *Lyon*, 1768. 2 *vol. in-4.*

RHÉTORIQUE.

1109 La Rhétorique d'Aristote en François. *Par.* 1654. 1 *vol. in-4.*

1110 La Réthorique de l'honnête Homme, & la maniere de bien écrire des lettres, &c. *Amst.* 1699. *in-8.*

1111 Réflexions sur l'usage de l'Eloquence de ce tems. *Par.* 1671. *in-12.*

1112 Rhétorique, ou l'Art de parler, par le P. Lami. *Par.* 1715. *in-12.*

1113 La véritable Eloquence, ou Réfutation des paradoxes sur l'Eloquence, avancés par le R. P. Lami. *Par.* 1703. *in-12.*

1114 Réflexions sur la Réthorique, ou l'on répond aux Objections du P. Lami. *Paris,* 1707. *in-12.*

1115 Regles de l'Eloquence, ou Rhétorique de Gibert. *Paris,* 1730. *in-12.*

1116 Rhétorique, ou l'Art de connoître & de parler, par Clausier. *Paris,* 1728. *in-12.*

1117 Phillipiques de Démosthenes, avec des remarques, par Tourteil. *Paris,* 1701. *in-4.*

1118 Panégyrique de Trajan, par l'Abbé Esprit. *Par.* 1677. *in-12.*

1119 Traité du Récitatif, par de Grimarets. *Paris,* 1707. *in-12.*

1120 L'Art de prêcher la parole de Dieu, ou Regles de l'Eloquence Chrétienne. *Par.* 1687. *in-12.*

1121 Rhétorique de l'Eglise, ou l'Eloquence des Prédicateurs. *Paris,* 1698. *in-8.*

1122 Dialogue sur l'Eloquence, & sur celle de la chaire en particulier, par Fenelon. *Paris,* 1718. *in-12.*

1123 L'Art de prêcher, par du Port. *Par.* 1701. *in-12.*

1124 Oraison Funebre de Bossuet. *Paris.* Cramoisy, 1689. 1 *vol. in-12.*

1125 Oraisons Funebres de Flechier. *Par.* 1705. *in-12.*

1126 Idée du Caractere des Oraisons Funebres, & la comparaison de celles de Bossuet & de Flechier. *Par.* 1745. *in-12.*

1127 Oraisons Funebres de Mascaron. *Paris,* 1704. *in-12.*

1128 Recueil d'Oraisons Funebres, par Anselme. *Par.* 1701. *in-12.*

1129 Oraison Funebre, de Louis Dauphin, fils de Louis XIV, par un Capucin; Sermons de Bossuet,

à

à la profession de Madame de la Valliere.
Traité de la Nature, de la Grace, dédié aux Avocats,
&c. in-12.

POÉTIQUE.

POETES, GRECS ET LATINS.

1130 Le Théatre des Grecs, par le Pere Brumoi. *Par.*
1763. 6 *vol. in-*12.

1131 Le même 1733. 3 *vol. in-*4. *gr. pap.*

1132 L'Illiade & l'Odyssée d'Homere, traduit avec des
Remarques, par Madame Dacier. *Paris, Rigaud.*
1719. 6 *vol. in-*12.

1133 Eloge Historique & Critique d'Homere, traduit
de l'Anglois de Pope. *Paris,* 1749. *in-*12. *br.*

1134 Le Plutus & les nuées d'Aristophanes, traduit
avec des Remarques par Mlle. Lefevre. *Par.* 1684.
*in-*12.

1135 Plaute Lat. Fran. de la trad. de Mlle. Lefevre.
Paris, 1683. 3 *vol. in-*12.

1136 Les Comédies de Térence, avec la traduction
& les Remarques de Madame Dacier. *Rotter.* 1717.
3 *vol. in-*12. *fig.*

1137 Lucrece : de la nature des choses Lat. Fran. de la
traduction de Mic. de Marolles *Paris,* 1659. *in-*8.

1138 Lucrece : de la nature des choses, trad. avec des
Remarques, par le Baron Defcoutures. *Paris,* 1708.
2 *vol. in-*12.

1139 L'Anti-Lucrece, Poëme sur la Religion naturelle,
trad. du lat. du Cardinal de Polignac, par de Bou-
gainville. *Paris,* 1749. 2 *vol. in-*8. *gr. pap.*

1140 Tito Lucrezio della natura, da Marchetti. *Amst.*
1754. 2 *vol. in-*8.

1141 Œuvres de Virgile, trad. avec le Texte à côté,
par l'Abbé Desfontaines. *Paris,* 1743. 4 *vol. in-*8.
gr. pap. fig.

1142 Opere di Virgilio d'Annibal Caro. *Parigi,* 1764.
2 *vol. in-*8. *fig.*

1143 Horace Lat. & Fran. de la trad. & avec des Remarques de Dacier. *Paris,* 1709. 10 *vol. in-*12.

1144 Œuvres d'Horace, trad. avec des notes tirées des

meilleurs commentateurs, par le P. Sanadon. *Paris*, 1756. 8 *vol. in* 12.

1145 Othonis Vænii emblemata Horatiana latino Germanico Gallico Belgico carmine reddita, imaginibus in aes incifis reprefentata. *Amfterdam*, 1684. *in-8. fig.*

1146 Métamorphofes Ovide, de Renouard. *Paris*, 1637. *in-fol.*

1147 Métamorphofes d'Ovide, traduites par Pierre Du Ryer *Paris*, 1660. *in fol. fig.*

1148 Les mêmes. *La Haye*, 4 *vol. in* 12. *fig.*

1149 Les mêmes, traduites par de Bellegarde. *Paris*, 1701. 2 *vol. in-8.*

1150 Les mêmes. *Amfterdam*, 1716. 2 *vol. in-8.*

1151 Métamorphofes d'Ovide, traduites par Banier. *Paris*, 1765. 3 *vol. in-12.*

1152 Les Amours d'Ovide en Lat. & en Franç. par l'Abbé de Marolles. *Paris*, 1661. 1 *vol. in-8.*

1153 L'Art d'aimer d'Ovide, avec le Remede d'amour. *Paris*, 1662. *in-12.*

1154 Commentaire fur les Epîtres d'Ovide, de Gafpar Bachet de Meziriac. *La Haye*, 1716. 2 *vol. in* 8.

1155 Les Satyres de Juvénal Lat. Franç. par de Marolles. *Paris*, 1658. *in-8.*

1156 Les mêmes, par de Martignac. *Paris*, 1683. *in-12.*

1157 Les mêmes traduit par Tarteron. *Par.* 1729. *in-12.*

1158 Le Zodiaque de la Vie humaine, trad. du latin de Palingenes, par de la Monnerie. *Londres*, 1733. 2 *tom.* 1 *vol. in-12.*

P O E T E S   F R A N Ç O I S

POETES QUI ONT TRAITÉ DES SUJETS DE PIÉTÉ.

1159 Hiftoire de la Poéfie Françoife, par Mervefin. *Paris*, 1706. *in-12.*

1160 Dictionnaire des Rimes, par Richelet, donné par l'Abbé Berthelin. *Paris*, 1751. *in* 8.

1161 La Pieufe Allouette, avec fon Tire-lire, le petit

corps & plumes de notre Allouette, font Chanfons fpirituelles. *Valenciennes*, 1619. *in-12*.

1162 Les Roffignols fpirituels, ligués en duo. *Valenciennes*, 1631. *in-12*.

1163 Choix de Poéfies morales & Chrétiennes. *Paris*, 1739. 3 *vol. in-8*.

1164 Paraphrafe en vers des Pfeaumes de David, par Godeau. *Paris*, 1648. *in-8. gr. pap.*

1165 Poéfies Chrétiennes de Godeau. *Paris*, 1646. *in-12*.

1166 Catéchifme en vers, par de Heauville. *Paris*, 1688 *in-12*.

1167 Imitation de J. C. en vers, par P. Corneille. 1739. *in-12*.

1168 Amours & Poéfies Chrétiennes de Pinchefne. *Paris*, 1674. *in-4*.

1169 Poéfies & penfées Chrétiennes, en vers, par Gouffault. *Paris*, 1681. *in-12*.

1170 La Religion Poëme, par Affelin. *Paris*, 1725. *in-8*.

1171 La Religion & la Grace, Poëmes de M. Racine. *Paris*, 1742.

Confeil à M. Racine, fur fon Poëme de la Religion, par un Amateur de Belles-Lettres: Réflexions fur les confeils à M. Racine, fur fon Poëme, *in-8. broc.*

1172 Effais du nouveau Conte de ma mere Loye, 1722. *in-8*

1173 L'Almanach des Jéfuites, avec l'onguent pour la brûlure. *Liege*, 1683. *in-12*.

1174 Poéfies fur la Conf. Recueillies, par le Chevalier de G. Officier du Roi au Regiment de Champagne. *Villefranche.* (*Leyde*) 1724. 2 *vol. in-8*.

1175 Philotanus, 1731. *in-12*.

1176 Pieces & Anecdotes, harangues: le Poëme de G.... & le Porte-feuille du Diable. *Holl.* 2 *vol. in-12. br.*

1177 Quenelomachie ou Hiftoire de la Conf. en vers burlefques. *Amfterdam*, 1741. *in-12*.

1178 Poéfies facrées & Philofophiques de le Franc de

Pompignan. *Paris* , 1763. 1 *vol. in*-4. *gr. pap. avec
de très-belles figures.*

P O E M E S   É P I Q U E S.

1179 Cours de Philosophie , en vers François. *Paris ,*
1657. *in*-12.

1180 Principes de Philosophie ou preuves naturelles
de l'existence de Dieu & l'immortalité de l'ame, par
Geneff. *Paris ,* 1716. *in*-8.

1181 Le Monde naissant, Poëme allégorique , 1732.
Recueil de Pieces sur la Convalescence du Roi ,
les Poëtes, les Rois, Odes, triomphe des Melophi-
letes , &c. *in*-8.

1182 L'Art de Prêcher , Poëme , par de Villiers. *Cologne ,* 1692. *in*-12.

1183 Moyse sauvé, Poëme de Saint-Amand. *Leyde ,*
1654. *in*-12.

1184 Marie-Madelaine ou le Triomphe de la Grace ,
Poëme , par Jean des Marets. *Paris ,* 1669. 1 *vol.
in*-12. *br.*

1185 La Rome ridicule , caprice de Saint-Amand ,
in-12.

1186 La Ville de Paris . en vers burlesques , par Ber-
thaud , augmenté par Scarron. *Paris ,* 1665. 1 *vol.
in*-12.

1187 La Semaine burlesque , ou description d'Amsterdam , par le Jole. *Amsterdam ,* 1 *vol. in*-12.

1188 Cartouche , Poëme , par Grandval. *Paris ,* 1726.
in-8.

1189 La Ligue, ou Henri le Grand. *Amsterdam ,* 1724.
in-12.

1190 La Henriade , le Poëme sur la Bataille de Fon-
renoy & sur celle de Laufeld. *Amsterd.* 1748.
La Henriade travestie *Berlin ,* 1747. *in*-12.

1191 Poëme de Fontenoy. *Paris ,* 1745. *fig.*
Le Rhynoceros, Poëme en six Chants: Nouvelles
littéraires, 1750. *in*-8.

1192 Le Paradis, imité de l'Anglois de Milton, par
Madame Du Bocage, 1748.

- Le Temple de la Renommée. *Londres*, 1749.
   Les Amazones, 1749. *in-8.*
1193 L'Efculapédie, Poëme. *Amfterd.* 1757. *in-12. br.*
1194 L'Art d'aimer, Poëme en fix Chants. *Londres*, 1759.
   Remede contre l'Amour, Poëme en fix Chants, 1762. 1 *vol. in-8.*
1195 Les Dons des enfans de Latone ou Appollon & Diane, la Mufique & la Chaffe du Cerf. *Par.* 1734. 1 *vol. in-8.*
1196 Les Vérités plaifantes ou le Monde au naturel. *Rouen*, 1702. *in 8.*
1197 La Belle Vieilleffe, ou Quatrains de Pibrac, du Faur & Matthieu, par l'Abbé de la Roche. *Paris*, 1747. *in-12.*

POETES QUI ONT IMITÉ OU TRADUIT.

1198 L'Iliade, Poëme, avec un Difcours fur Homere, par Lamotte. *Paris*, 1714. *in-12.*
1199 L'Iliade, en vers burlefques. *Paris*, 1716. 2 *vol. in-12. fig.*
1200 Odes d'Anacréon, traduites du Grec, en vers Fran-çois, par de la Foffe. *Paris*, 1706. *in-12.*
1201 Eglogues & les Georgiques de Virgile, traduites en vers François, par de Segrais. *Paris*, 1733. *in-8.*
1202 L'Ovide en belle humeur, par d'Affoufy. *Paris*, 1650.
   Le Raviffement de Proferpine. *Paris*, 1653. *in-4. figures.*
1203 L'Ovide Bouffon, ou les Métamorphofes bur-lefques. *Paris*, 1659. *in-12.*
1204 Epîtres d'Ovide, en vers François, 1706. *in-12.*
1205 Epîtres héroïdes d'Ovide, traduit en vers Fran-çois, par Richer. *Amfterd.* 1729. *in-12.*
1206 Les Epîtres & Elégies d'Ovide, traduites en vers François. *La Haye*, 1704. *in-12.*
1207 Epîtres d'Ovide, traduites en vers, 1706.
   Elite de Poéfies héroïques, gaillardes, 1701.
   Addition à l'Hiftoire du Neftorianifme, où l'on fait voir quel a été l'ancien ufage de l'Eglife dans

la condamnation des Livres, &c. (par Doucin Jésuite)
Paris, 1703. *in-*12.

1208 Œuvres amoureuses & galantes d'Ovide, traduites
en vers François, 1756. *in-*8.

1209 Œuvres d'Horace, traduites en vers François, par
Pellegrin. *Paris*, 1715. 2 *vol. in-*12.

1210 Perse, traduit en vers François, par le Noble.
Paris, 1704.

 L'allée de la Seringue, ou les Noyers, Poëme
héroïque satyrique, 1691.

 La Fradine, ou les Ongles rognés, *in·*12.

1211 La Jérusalem délivrée, en vers François, par
Le Clerc. *Paris*, 1670. 2 *vol. in-*12. *fig.*

POETES POLYGRAPHES.

1212 Poésies de Coquillart. *Paris. Couſtellier*, 1723.
*in-*8.

1213 Le Roman de la Rose, par Guillaume de Loris,
donné par l'Englet du Fresnoy. *Par.* 1735. 3 *vol. in-*12.

1214 Œuvres de Clément, de Jean & de Michel Marot, données par l'Abbé l'Englet du Fresnoy. *La
Haye*, 1731. 6 *vol. in-*12.

1215 Les mêmes, *ibid.* 1731. 4 *vol. in-*4. *gr. pap.*

1216 Œuvres en Rimes & Jeux de Jean-Antoine de
Baïf. *Paris*, 1572 & 1573. 2 *vol. in-*8.

1217 La Puce de Madame Des Roches, Poëmes Grecs,
Latins, François. *Paris*, 1583. *in* 4.

1218 Œuvres de Regnier, avec des Remarques. *Londres*, 1730. *in* 8.

1219 Les mêmes. *Londres*, 1729. *in·*4. *gr. pap.*

1220 Les mêmes. *Amſterdam*, 1724. *in-*4. *gr. papier,
avec des cadres & vignettes de fonte autour des pages.*

1221 La Légende de Pierre Faifeu, mise en vers, par
Charles de Bourdigne. *Paris. Couſtellier*, 1723. *in-*12.

1222 Les Chevilles de Maître Adam, Menuisier de
Nevers. *Paris*, 1644. *in-*4.

1223 Le Vilebrequin de Maître Adam, *in·*12.

1224 Satyres de Courval Sonnet. *Paris*, 1621 *in* 8.

1225 Les Sentimens universels de Messire Pierre Porget. *Paris*, 1636. 1 *vol. in-*4.

1226 Poéfies de Malherbe, avec les Obfervations de Menage. *Paris*, 1666. *in*-8.

1227 Œuvres de Saint-Amand. *Rouen*, 1638. *in*-8.

1228 Vers philofophes & moraux. *Paris*, 1660. *in*-12.

1229 Poéfies héroïques, morales & fatyriques. *Harlem*, 1696. *in*-8.

1230 Recueil des Pieces galantes, en profe & en vers de Madame la Comteffe de la Suze & de M. de Peliffon. *Trévoux*, 1741. 5 *vol. in*-12.

1231 Voyage de l'Ifle-d'Amour à Licidas. *Paris*, 1663. *in*-12.

1232 Œuvres du Pref. Nicolle. *Paris*, 1670. *in*-12.

1233 Fables nouvelles & Œuvres diverfes de J. B. de la Fontaine. *Paris*, 1743. *& fuiv.* 8 *vol. in*-12.

1234 Les mêmes. *Anvers.* (*Paris*) 1726. 3 *vol. in*-4.

1235 Poéfies Françoifes de Defmarais. *La Haye*, 1721. *deux tomes en un, in*-12.

1236 Poéfies de Madame & Mlle. Deshoulieres. *Paris*, 1724. 2 *vol. in*-8.

1237 Œuvres diverfes de N. Boilleau Defpreaux. *Par.* 1695. 2 *vol. in*-12.

1238 Les mêmes. *Paris*, 1701. 2 *vol. in*-12. *fig.*

1239 Les mêmes, avec de nouvelles notes & le Commentaire de M. Saint-Marc. *Paris*, 1747. 5 *vol. in*-8. *fig.*

1240 Œuvres de Chaulieu. *Amfterd.* 1733. *in*-8.

1241 Poéfies de Baraton. *Paris*, 1704. *in*-12.

1242 Poéfies du P. Ducercau. *Paris*, 1720. *in*-8.

1243 Odes de la Motte. *Paris*, 1711. 2 *vol. in*-8.

1244 Œuvres de J. B. Rouffeau. *Amfterdam*, 1712. L'Anti-Rouffeau ou Hiftoire fatyrique de la vie & ouvrages de Rouffeau, par le Poëte fans fard. (Gacon.) *Rotterd.* 1712. 3 *vol. in*-12.

1245 Les mêmes. *Amfterdam*, 1726. L'Anti-Rouffeau. *Rotterdam*, 1712. 4 *vol. in*-12.

1246

1247 Les mêmes. *Bruxelles*, 1732 2 *vol. in*-12.

1248 Les mêmes. *Amfterdam*, 1734. 4 *vol. in*-12.

1249 Les mêmes. *Amsterdam. Paris*, 1743. 4 *vol. in-*12.

1250 Les mêmes, avec le Factum de Saurin & l'Histoire des Couplets. 5 *vol. in-*12.

1251 Œuvres choisies de Rousseau. *Rouen*, 1720. *in-*12.

1252 Porte-feuille de J. B. Rousseau. *Amsterdam*, 1751. 2 *vol. in-*12. *br.*

1253 Œuvres du Poëte sans fard, (Gacon.) 1698. *in-*12.

1254 Madrigaux, Epigrammes & Chansons de Lebrun. *Paris*, 1714. *in-*8.

1255 Œuvres diverses de D ***. *Amsterdam*, 1714. 2 *vol in-*12.

1256 Œuvres diverses, en prose & en vers de Lebrun. *Paris*, 1736. *in-*12.

1257 Œuvres de Vergier. *Amsterdam*, 1731. 2 *vol. in-*12.

1258 Poésies de Tanevot. *Paris*, 1732. *in-*12.

1259 Poésies de Madame de Sainctonges. *Dijon*, 1724. 2 *tom.* 1 *vol. in-*12.

1260 Œuvres mêlées de La Grange Chancel, avec des notes. *Là Haye*, 1724. 1 *vol. in-*12.

1261 Œuvres de l'Abbé de Pons. 1738. *in-*12.

1262 Œuvres de l'Abbé de G. ... *Berlin.* 4 *vol. in-*12.

1263 Œuvres diverses de Roy. *Paris*, 1727. 2 *tom.* 1 *vol. in-*8.

1264 Poésies de Mlle. de Malcrais de la Vigne, (Desforges Maillard) *Paris*, 1735. *in-*12.

1265 Œuvres de Gresset. *Amsterdam*, 1748. 2 *tom.* 1 *vol. in-*12.

1266 Poésies diverses de Cocquard. *Dijon*, 1754. 2 *vol. in-*12.

1267 Œuvres du Philosophe de Sans Souci, 1750. 2 *vol. in-*8. *gr. pap.*

RECUEILS DE POÉSIES.

1268 Nouveau choix de pieces de Poésies (par Duval) *La Haye*, 1715. 1 *vol. in-*12.

1269 Le Parterre du Parnasse François, ou Recueil de
pieces

pieces rares, piquantes & curieufes, par de Bona-
fous. *Amft.* 1709. *in-12.*

1270 Nouveau Recueil d'Apophtêgmes, bon mots,
penfées ingénieufes des anciens & des modernes,
mis en vers François. *Touloufe, in-12.*

1271 Epitres diverfes fur des fujets différens. *Amft.*
1750 3 *vol. in-12.*

1272 Recueil des Epigrammatiftes François, anciens
& modernes, donné par B. L. M. (Bruzen la Martiniere) *Amft.* 1720. 2 *vol. in-12.*

1273 Idées légeres du redoutable Régiment de la
Calotte. 2 *vol. in-4. manufc.*

1274 Recueil d'énigmes, par Gayot de Pitaval. *Par.*
1717. *in-12.*

1275 Recueil d'énygmes, 1728. 1 *vol. in-4. mff.*

1276 Recueil de Chanfons. *Par.* 1694. *in-12.*

1277 Autre. *La Haye,* 1735. 8 *vol. in-12.*

1278 Recueil de Chanfons, Vaudevilles, & autres
Pieces. 1 *vol. in-4. manufc.*

1279 Recueil des Poëtes Gafcons, contenant les Œuvres de Pierre Goudelin, avec un Dictionnaire de
la Langue Touloufaine. *Amft.* 1700. 2 *vol. in-12.*

P O É T E S   E T   A U T E U R S   D R A M A T I Q U E S

F R A N Ç O I S,   E T   P I E C E S   S É P A R É E S.

1280 La Pratique du théâtre, par l'Abbé d'Aubignac,
Amft. 1715. 2 *vol. in-12.*

1281 Bibliotheque des Théâtres, ou Catalogue des
Pieces Dramatiques, &c. par Maupoin. *Par.* 1733.
in-8,

1282 Lettres fur les fpectacles. 1759. *in-12.*

1283 Réflexions Hiftoriques & Critiques, fur les différens Théâtres de l'Europe, avec des penfées fur
la déclamation, par Louis Riccoboni. *Amft.* 1740.
in-12.

1284 De la Réformation du Théâtre, par Riccoboni.
1743. *in-12.*

1285 Le Comédien, par Remond de Sainte Albine.
Paris, 1749. *in-8.*

L

1286 Recherches sur les Théâtres de France, par de Beauchamp. *Paris*, 1735. 1 *vol. in*-4. g. p.

1287 La Farce de Pierre Pathelin, avec son Testament, à IV personnages. *Paris*, Couftellier 1723. *in*-8.

1288 Œuvres de Théophile. *Rouen*, 1651. *in*-12.

1289 Œuvres de Pierre & de Thomas Corneille. *Par.* 1748. 11 *vol. in*-12. grand papier.

1290 Les mêmes. *Par.* 1748. 19 *vol. in*-12..

1291 Commentaires de Voltaire sur le Théâtre de P. Corneille. *Par.* 3 *vol. in*-12.

1292 Chef-d'œuvre de Pierre Corneille. *Oxfort*, 1746. *in*-8.

1293 Œuvres de Moliere. *Paris*, 1753. 8 *vol. in*-12. *figures.*

1294 Les mêmes. *Par.* 1734. 6 *vol. in*-4. *fig.*

1295 Œuvres de Racine. *Paris*, 1736. 2 *vol. in*-12. *figures.*

1296 Les mêmes. *Paris*, 1767. 3 *vol. in*-12. *fig.*

1297 Les mêmes. *Paris*, 1766. 3 *vol. in*-4. *fig.*

1298 Les mêmes, avec les Lettres & le Commentaire de M. Luneau de Boifgermain. *Paris*, 1767 7 *vol. in*-8.

1299 Commentaire sur les Œuvres de Racine, par Luneau de Boifgermain. *Paris*, 1767. 3 *vol. in*-12.

1300 Théâtre de la Motte. *Par.* 1730. 2 *vol. in*-8.

1301 Théâtre de Montfleury, pere & fils. *Par.* 1739. 3 *vol. in*-12.

1302 Théâtre de Bourfault. *Paris*, 1725. 3 *vol. in*-12.

1303 Œuvres de Poiflon. *Paris*, 1743. 2 *vol. in*-12.

1304 Œuvres de Regnard. *La Haye*, 1729. 2 *v. in*-12.

1305 Les mêmes. *Paris*, 1750. 4 *vol. in*-12.

1306 Œuvres de Dancourt. *Paris*, 12 *vol. in*-12.

1307 Théâtre de Boifly. *Par.* 1758. 9 *vol. in*-8.

1308 Œuvres de Théâtre de Vadé. *Paris*, 1758. 4 *vol. in*-8.

1309 Théâtre & Œuvres de Pannard. *Paris*, 1763. 4 *vol. in*-12.

1310 Œuvres de Crebillon. *Paris*, *Imprimerie Royale*, 1750. 2 *vol. in*-4.

1311 Œuvres de Danchet. *Paris*, 1751. 4 *v. in*-8.

1312 Œuvres de Nericault Destouches. *Paris*, 1745. 10 *vol. in*-12.

1313 Œuvres d'Alexis Piron. *Par.* 1758. 3 *vol. in*-12. *figures.*

1314 Théâtre de Saint Foix. *Par.* 1748. 4 *vol. in*-12.

1315 Théâtre de Favart. *Paris*, 8 *vol. in*-8.

1316 Œuvres de Voltaire, *Amst.* 1739. 3 *vol. in*-8.

1317 Œuvres de Palissot. *Paris*, 1763. 3 *vol. in*-12.

1318 La Comédie des Proverbes. *Paris. in*-8.

1319 Les Fri-Maçons Hyperdrame. *Londres*, 1740. *in*-8. *broc.*

1320 Ines de Castro, de la Motte. 1723. Agnes de Chaillot, par Dominique. 1723. *in*-8.

1321 Le Secretaire du Parnasse, au sujet d'Ines de Castro, par Gacon. *Paris*, 1723. Les trois Chiens, Conte en vers. 1722. *in* 8. *fig.*

1322 Le Pere de famille, Comédie. *Amsterd.* 1758. *in*-8.

1323 Le Saint Déniché, 1732.
Apologie de Cartouche, ou le Scélérat justifié par la grace du P. Quesnel.
La Femme Docteur, &c. 1731. *in*-12.

1324 La Femme Docteur vengée, ou le Théologien logé à Bicêtre. Le St. Déniché, ou Banqueroute des Marchands de Miracles, Comédie. 1732. Miracles futurs de l'Evêque d'Utrecht, proposés par souscription. *in*-12.

1325 La Vérité Fabuliste, Comédie, avec un Recueil de Fables, par Delaunay. *Paris*, 1732. *in*-12.

1326 Liasse de Pieces de Théâtre. *in*-8 & *in*-12. qui seront détaillées.

1327 Histoire du Théâtre Italien, par Riccoboni. 2 *vol. in*-8. *fig.*

1328 Théâtre des Boulevards, ou Recueil des Parades (*Paris*) 1756. 3 *vol. in*-12.

1329 Théâtre Lyrique, où l'on traite de l'Opéra, par le Br. *Paris*, 1712. *in*-12.

1330 Réglement pour l'Opéra de Paris, avec des nottes. 1743. Réjouissances de l'ame, ou Le Carnaval de l'ame. 1682. Recueil de Poésies de B. Secretaire d'Ambaffade , Avantages de l'Education des Colleges fur l'Education domeftique. *in-12*.

POETES ET AUTEURS DRAMATIQUES

ITALIENS, ALLEMANDS, ANGLOIS ET AUTRES.

1331 Aminta favola Bofcareccia , di Torquato Taffo. *Parigi*. 1745. *in-12*. *fig*.

1332 Jérufalem délivrée , Poëme Héroïque du Taffe trad. par Mirabeau. *Paris*, 1724. 2 *vol. in-12*.

1333 Roland l'Amoureux, par le Sage. *Paris*, 1717. 2 *vol. in-12*.

1334 Roland le Furieux , trad. par de Mirabeau. *Par.* 1720. 2 *vol. in-12*. *fig*.

1335 Le Théâtre Italien de Gherardy. *Paris* , 1700. 6 *vol. in-12*. *fig*.

1336 Le Pere de Famille , par Goldoni. *Avignon* , 1758. *in-8*.

1337 La Lufiade du Camœns, trad. du Portugais, par Duperron de Caftera. *Paris* , 1768. 3 *vol. in-12*.

1338 Comédies du Baron de Bielfeld. *Berlin* , 1753. *in-8*.

1339 Le Paradis perdu , de Milton , trad. avec les notes d'Addiffon , par du Perron de Caftera. *Paris*, 1729. 4 *vol. in-12*.

1340 La Boucle des Cheveux enlevée , Poëme , trad. de Pope. *Paris* , 1728.

Le Songe d'Alcibiade , trad. du Grec. *Par.* 1735.

Une Journée des Parques , par le Sage. *Paris* , 1735.

La Femme Docteur, Comédie. 1730. 1 *vol. in-12*.

1341 Œuvres diverfes de Pope, trad. de l'Anglois , avec la Vie de l'Auteur. *Amft.* 1758. 7 *vol. in-12*. v. f. doré fur tranche.

1342 Effais fur l'homme de Pope , trad. de l'Anglois, par D. S... 1736.

Effais fur la Critique , par Pope, trad. par le même. *Paris* , 1736.

Réflexions fur les Paffions , & fur les Goûts , par D. Ber. *Paris*, 1741. *in-12*.

1343 Commentaire sur la traduction en vers de l'Essai, sur l'homme de Pope, de du Resnel, par Crousaz. *Geneve*, 1738.

Poëme de Pope, convaincu d'impiété. *Londres*, 1747.

Essais sur l'Homme de Pope , trad. par de S. *Lond*. 1736. *in-12*.

1344 Le Théâtre Anglois, par la Place. *Paris*, 1748. 8 *vol. in-12.*

MYTHOLOGIE.

CONNOISSANCE DE LA MYTHOLOGIE,

FABLES.

1345 Connoissance de la Mythologie. *Paris*, 1743. *in-12.*

1346 Conférence de la Fable, avec l'Histoire-Sainte, par Lavaur. *Paris*, 1730. 2 *vol. in-12.*

1347 Histoire Poétique, du P. Gautruche, augmentée par l'Abbé Bannier. *Paris*, 1725. *in-12.*

1348 La Mythologie, ou Explication des Fables, par Bannier. *Paris*, 1738. 8 *vol. in-12.*

1349 Dictionnaire Abrégé de la Fable, par Chompré. *Paris. in-12.*

1350 Dictionnaire Poétique, contenant l'Histoire Fabuleuse des Dieux & des Héros de l'antiquité Payenne. *Par*. 1759. *in-8.*

1351 Dictionnaire de Mythologie, pour l'intelligence des Poëtes, de l'Histoire Fabuleuse, &c. (par l'Abbé de Clauftre) *Paris*, 1745. 3 *vol. in-12. br.*

1352 Tableaux du Temple des Muses tirés du Cab. de Favereau, avec la Description, par Michel de Marolles. *Amst.* 1676. *in-4. fig.*

1353 Histoire de Merlin Cocaye. 1734. 2 *vol. in-12.*

1354 Fables d'Esope, avec des Discours Moraux, par J. B. Baudoin. *Par.* 2 *vol. in-8. fig.*

1355 Fables d'Esope, & celles de Philelphe, celles de Gabrias & d'Avienus. *Paris*, 1703. 2 *vol. in-12. figures.*

1356 Fables d'Efope, & de plufieurs autres Fabuliftes, avec le fens Moral & les Réflexions de l'Eftrange. *Amft.* 1714. *in-4. fig.* de Barloud.
1357 Fables d'Efope, avec les figures, de Sadeler. *Par.* 1689. *in-8.*
1358 Efope en belle humeur, ou derniere traduction, & augmentation de fes Fables, en profe & en vers. *Brux.* 1700. 2 *vol. in-12. fig.*
1359 Contes & Fables indiennes de Bidpai & Lokman, trad. & donnés par Galland. *Paris*, 1724. 2 *vol. in-12.*
1360 Fables de Lenoble. *Paris*, 1696. 2 *v. in-12.*
1361 Fables du Roffignol & du Coucou. 1692. *in-12.*
1362 Fables diverfes, par Vaudin. *Par.* 1707 *in-8.* oblongo.
1363 Fables choifies de la Fontaine. *Amft.* 1728. 2 *vol. in-12. fig.*
1364 Les mêmes, avec des notes, par Cofte. *Amft.* 1730. *in-12.*
1365 Fables de la Motte. *Par.* 1719. *in-8.*
1366 Fables de le Brun. *Par.* 1722. *in-12.*
1367 Fables nouvelles, par Richer. *Par.* 1729. *in-12.*
1368 Fables Héroïques (par la Martiniere) *Amfterd.* 1720. 2 *vol. in-12. fig.*

POÉSIE-PROSAIQUE, FACETIES.

1369 L'Afne d'or d'Apulée, trad. par de Monthard. *Paris, Thibouft.* 1623. *in-8.* figures de Michel l'Afne.
1370 Le même, avec le Démon de Socrate. *Par.* 1707. 2 *vol. in-12. fig.*
1371 Œuvres de Rablais, ou les Faits & Dits de Gargantua & de fon fils Pantagruel, avec les Rem. de le Duchat. *Amft.* 1711. 5 *vol. in-12. fig.*
1372 Les mêmes, *Par.* 1733. 5 *vol. in-8.*
1373 Le même. *Amft.* 1741. 3 *vol. in-4. fig.* de B. Picart.
1374 Le Rablais Moderne, ou Œuvres de Rablais, mifes à la portée de tout le monde, par l'Abbé Perreau. *Amft.*) (*Par.* 1752. 8 *vol. in-12.*
1375 Cimbalum mundi, Dialogues Satyriques fur dif-

férens sujets, par Bonaventure des Periers, avec les notes de Prosper Marchand, *Amsterdam*, 1712.

Dictionnaire de la Fable, par Chompré. *Paris*, 1733. 1 *vol. in-*12.

1376 Cimbalum mundi. *Amsterdam*, 1732. *in-*12.

1377 Les Heures de Récréation, traduit de l'Italien de Guichardin. *Paris*, 1571. *in-*12.

1378 Trésor des Récréations, contenant des histoires facétieuses & honnêtes, propos plaisans & pleins de gaillardise, pour consoler les personnes qui du vent de bise ont été frappés & récréer ceux qui sont en la misérable servitude du tyran d'argent court. *Rouen*, 1637. *in-*12.

1379 Facétieux Réveil-matin des esprits mélancholiques. *Paris*, 1645. *in-*8-

1380 Hôpital des Foux incurables, où sont déduites de point en point les folies & maladies d'esprit tant des hommes que des femmes, traduit de l'Italien de Garzoni, par Clarier de Longval. *Paris*, 1620 *in-*12.

1381 La Sage & délectable folie, par Marcel. *Lyon*, 1628. *in-*12.

1382 La Sage folie, Fontaine d'allégresse, Mere des plaisirs, Reine des belles humeurs, pour la défense des personnes joviales, & la confusion des archi-sages & proto maîtres, trad. de l'Italien de Marie Spelte, par L. Garon. *Rouen*, 1635. *in-*12.

1383 Le Moyen de parvenir, *in-*12. *broc.*

1384 Nouvelle fabrique des excellens traits de vérité, pour exciter les rêveurs tristes & mélancholiques à vivre de plaisir, par Philippe d'Alcripe Sieur de Neri enverbos, (donné par M. Larchevêque, Médecin de Rouen). *in-*12.

1385 Les Tours industrieux subtils & gaillards de la Maltote. *Hollande*, 1708. *in-*12.

1386 L'Art de plumer la poule sans crier. *Cologne*, 1710. *in-*12.

1387 Catéchisme des Normands, réception d'un vénérable Maître Savetier.

Almanach perpétuel. 1 *vol. in-*12.

1388 L'Art de méditer sur la Garde-robe, trad. de Swift.

Penfées hafardées fur les études, la Grammaire, la Rhétorique & la Poétique, par G. L. le Sage. *La Haye*, 1729. *in-8*.

1389 L'Art de défopiler la Rate, *five de modo C. prudenter*, par Panckoucke, 1756. *in-12*.

1390 L'Art de Péter. *Veftphalie*, 1751. *in-12*.

CONTES ET NOUVELLES.

1391 Le Décameron de Bocace, traduit de l'Italien, par le Maçon. *Paris*, 1662. *in-8*. *v. dor. f. tranch.*

1392 Contes ou nouvelles Récréations & joyeux devis de Bonaventure Defperriers, édition donnée par La Monnoye. *Amfterd. Paris*, 1735. 3 *vol. in-12*.

1393 Contes & Difcours d'Eutrapel, par de la Hériffaye. Propos ruftiques facécieux, ou Rufes & fineffe de Ragot, Capitaine des Gueux, par le même, 1733. 3 *tom.* 2 *vol. in-12*.

1394 Contes & nouvelles de Bocace. *Londres*, 1744. 2 *vol. in-12*.

1395 Les mêmes. *Amfterdam*, 1699. 2 *vol. in-8. figures de Hooge*.

1396 Contes & nouvelles de Marguerite de Valois, Reine de Navarre. *Amfterdam*, 1708. 2 *vol. in-8. fig. de Rom. de Hooge*.

1397 Œuvres de Francifco Guevedo de Villegas, trad. de l'Efpagnol par Raclots, 2 *vol. in-12. fig*.

1398 Contes & Nouvelles de la Fontaine, avec figures. *Amfterdam*, 1685. 2 *vol. in-12. fig. de Rom. de Hooge*.

1399 Contes & nouvelles de Vergier. *Paris*, 1727. 2 *vol. in-12*.

1400 Les Contes d'Ouville. *Amfterdam*, 1732. 2 *vol. in-12*.

1401 Contes orientaux tirés des MSS. de la Bibliothéque du Roi. *La Haye*, 1743. 2 *vol. in-12. fig*.

1402 Contes de Roger Bontems dans fes heures perdues. *Rotterdam*, 1715. *in-12*.

1403 Nouveaux Contes à rire, ou Récréations Françoifes. *Amfterdam*, 1736. 2 *tom.* 1 *vol. in-12*.

1404 Les mêmes. *Cologne*, 1722. 2 *vol. in-12. fig*.

1405 Contes moraux de Marmontel. *La Haye*, 1761. 3 *vol. in-12. br.*

1406 Les mêmes *Paris*, 1765. 3 *vol. in-8. fig.*

1407 Les Cent nouvelles, par J. Baptiste Giraldi. *Par.* 1584. *in-12.*

1408 Les Cent Nouvelles Nouvelles. *Cologne*, 1701. 2 *vol. in-12. fig. de Rom. de Hooge.*

1409 Nouvelles de Michel de Cervantes. *Paris*, 1723. 2 *vol. in-12.*

1410 Les mêmes. *Amsterdam*, 2 *vol. in-12. fig.*

1411 Les Nouvelles Françoises, par Segrais. *Paris*, 1722. 2 *vol. in-12.*

1412 Nouvelles toutes nouvelles, par M. D. L. C. *Paris*, 1708. *in-12.*

1413 Les Cent Nouvelles Nouvelles de Madame de Gomez. *Amsterdam*, 20 *vol. in-12.*

ROMANS, HISTOIRES, VOYAGES ET AVENTURES FABULEUSES.

1414 Origine des Romans, par Huet. *Paris*, 1711. *in 12.*

1415 Usage & Bibliothéque des Romans, & l'histoire justifiée contre les Romans, par Gordon de Percel. (*l'Abbé l'Englet*) *Amsterdam*, 1734. & 1735. 3 *vol. in-12.*

1416 Bibliothéque de Campagne. *La Haye*, 1735. 3 *vol. in 12.*

1417 Abdeker, ou l'Art de conserver la beauté, 1748. Dans le même. Venus Physique, 1751. 4 *tom.* 2 *vol. in-12.*

1418 L'Abbé en belle humeur. *Cologne*, 1734. 1 *vol. in-12.*

1419 Ah quel Conte, par Crébillon fils. *Paris*, 1752. & *suiv.* 8 *vol. in-12. br.*

1420 Les Amazones révoltées, avec des notes sur la Chevalerie militaire, par le Maingre de Boucicault. *Rotterdam*, 1730. *in-12.*

1421 Les Ames rivales. *Londres*, 1738. 1 *vol. in-12.*

1422 Les Amours d'Horace. *Cologne*, 1728. *in-12.*

1423 Amours de Sainfroid, & d'Eulalie suivis de Nouvelles Nouvelles. *La Haye*, 1729. *in-*12.

1424 L'Amour dévoilé ou le Systême des sympathistes, &c. 1749. *in-*12.

1425 Amours pastorales de Daphnis & Chloé, trad. de du Grec de Longin, par Amyot. *Hollande*, 1717. *in-*12. *fig.*

1426 Amours de Psiché & de Cupidon, par la Fontaine. *La Haye*, 1707. *in-*12.

1427 Amusemens comiques, ou Histoire de Folidor. *La Haye*, 1739. *in-*12. *fig.*

1428 Amusemens des Eaux de Schwalbach, Wisbaden Schlangenbad, &c. *Liege*, 1739. 8 *fig.*

1429 Amusemens historiques. 2 *vol. in-*12.

1430 L'Ami de la Fortune, ou Mémoires du Marquis de * * *. *Londres*, 1754. *in-*12.

1431 Amusemens des Eaux de Spa. *Amsterdam*, 1740. 2 *vol. in-*12.

1432 Anecdotes galantes & tragiques de la Cour de Néron. *Paris*, 1735. *in-*12.

1433 Anecdotes Grecques, ou les Aventures d'Aridée, 1731. *in-*12.

1434 Anecdotes Persannes, par Madame de Gomez. *Paris*, 1727. 2 *vol. in-*12.

1435 L'Argenis de Barclai, trad. par Josse. *Chartres*, 1732. 3 *vol. in-*12.

1436 Les Romans de Boursault, Artémise & Poliante. *Paris*, 1739. *in-*12.

1437 Aventures choisies, l'Amour innocent persécuté, le Sylphe amoureux, le Cœur-volant & la Belle Aventuriere. *Paris*, 1732. *in-*12.

1438 Les Aventures d'Abdalla. *Paris*, 1714. 2 *vol. in-*12.

1439 Aventures d'Ariste & de Telasie. *Paris*, 1731. 2 *vol. in-*12.

1440 Aventures de Calliope. *Paris*, 1720. *in-*12.

1441 Aventures de Don Antonio de Buffalis. *Paris*, 1724. *in-*12.

1442 Aventures de Dom Quichotte, par Cervantes, avec les continuations de Benengely & d'Avellanda. *Paris*, 1700. & *suiv.* 14 *vol. in-*12.

1443 Aventures de Don Ramire de Roxas & de Don Leonor de Mendoce. *Paris*, 1737. 2 *vol. in-12.*

1444 Aventures de Flores & de Blanchefleur tiré de l'Espagnol, par L. G. D. R. *Paris*, 1735. *in-12.*

1445 Aventures de Joseph Andreuus & d'Abraham Adams, traduit de Fielding. *Londres, Paris*, 1743. 2 *vol. in-12.*

1446 Aventures de Néoptoleme fils d'Achille, par Chanfierge. *La Haye*, 1719. *in-12. br.*

1447 Aventures de Télémaque. *Paris*, 1730. *in-4. figures.*

1448 Télémacomanie ou Censure de Télémaque, par Faydit. *Eleuteropolie*, 1700. *in-12.*

1449 Critique générale des Aventures de Télémaque. *Cologne*, 1701. 2 *vol. in-12.*

1450 Les Aventures d'Euphormion. *Anvers*, 1711. 3 *v. in-12.*

1451 Aventures du Mandarin Fum Hoam, Contes Chinois. *Paris*, 1723. *in-12.*

1452 Bibliothéque des Petits-maîtres ou Mémoires pour servir à l'histoire du bon ton, &c. 1762. *in-12.* broché.

1453 Bien-aimé allégorie, 1744. *in-12.*

1454 Le Canapé, les Mille & une fadaises, Contes à dormir debout, 1742. *in-12.*

1455 Les Caprices du Destin ou Histoires singulieres & amusantes, par Mlle. Lhéritier. *Paris*, 1718. *in-12. figures.*

1456 Cassandre. *Paris*, 1731. 10 *vol. in-12.*

1457 La Catanoise ou Histoire de Naples, sous la Reine Jeanne I. *Paris*, 1731. 1 *vol. in-12.*

1458 Célise, ou l'Amante fidele, Ouvrage galant, critique, sérieux, comique, mêlé de prose & de vers. *Paris*, 1713. *in-12.*

1459 Le Chevalier des Essarts & la Comtesse de Bercy. *Amsterdam*, 1735. 2 *vol. in-12.*

1460 Chronique Burlesque ou Histoires & Aventures divertissantes. *Londres*, 1742. *in-12.*

1461 Cléandre & Califte, ou l'Amour véritable. *Rouen*, 1720. *in-12.*

1462 Le Comte de Warwick, par Madame d'Aulnoy. *Paris*, 1703. 2 *vol. in-12.*

1463 Confessions de la Baronne de * *. *Amsterdam*, 1743. *in-12.*

1464 Confessions du Comte de * *. *Amsterdam*, 1742. *in-12.*

1465 Le Congrès de Cythere. *Cythere.* (*Hollande.*) 1749. 1 *vol. in-12.*

1466 Le Conte du Tonneau, trad. de Swift. *La Haye*, 1732. 2 *vol. in-12.*

1467 Traités divers, trad. de Jonathan Swift, pour servir de suite au Conte du Tonneau. *Amsterdam*, 1733. *in 12.*

1468 Contes de Fées, par Madame d'Aunoy. *Paris*, 1711. 4 *vol. in 12.*

1469 Contes moins Contes que les autres Contes, sans parangon. *Paris*, 1724. *in-12.*

1470 Les Fées, Contes des Contes, par Mlle. de * * *. *Paris*, *in-12.*

1471 Nouveaux Contes des Fées, par Muralt. *Paris*, 1724. *in-12.*

1472 Entretiens sur les Contes des Fées & autres ouvrages du temps, pour servir de préservatif contre le mauvais goût. *Paris*, 1699. *in 12.*

1473 Contes de Antoine Hamilton, le Belier, les quatre Facardins, Fleur-Dépine & le Comte de Grammon. *Paris*, 1730. 4 *vol. in-12.*

1474 Le Courier dévalisé, par Ginifaccio Spironcini. *Villefranche*, 1644. 1 *vol. in-12.*

1475 Le Cousin de Mahomet. *Leyde*, 1742. *in-12.*

1476 Crémentine, Reine de Sanga, Histoire Indienne, par Madame de Gomez. *Paris*, 1727. 2 *vol. in 12.*

1477 Le Czar Pierre premier en France, par Hubert le Blanc. *Amsterd.* 1741. 2 *tom* 1 *vol. in-12.*

1478 Le Babillard ou le Nouvelliste Philosophe. *Amst.* 1724. *in-12.*

1479 Le Bachelier de Salamanque, ou Mémoire de Chérubin de la Ronda, tiré de l'Espagnol, par le Sage. *La Haye*, *Paris*, 1738. 2 *vol. in-12.*

1480 La Bafiliade ou le Naufrage des Ifles flottantes,
de Pilpay. *Meſſine, Paris*, 1753. 2 *tomes*, 1 *vol.*
*in-*12.

1481 Les Belles Grecques, ou Hiſtoire des plus fa-
meuſes Courtiſannes de la Grece. *Amſterdam*, 1721.
1 *vol. in-*12.

1482 Le Berceau. *La Haye*, 1744. *in-*12.

1483 Les Déſeſpérés, Hiſtoire héroïque, traduite de
l'Italien d'Ambr. Marini. *Paris*, 1732. 2 *vol. in-*12.
figures.

1484 Le Déſeſpoir amoureux, avec les Nouvelles
Viſions de Don Quichotte. *Amſterd.* 1713. *in-*12. *fig.*

1485 Le Diable boiteux, Entretiens des cheminées de
Madrid, & les béquilles du Diable boiteux & une
journée des Parques. *Paris*, 1737. 2 *vol. in-*12. *fig.*

1486 Le même. *Paris*, *Damonneville*, 3 *vol. in-*12.
gr. form. pap. d'Holl. blanc un des douze de cette édit.

1487 Le Doyen de Killerine, par l'Abbé Prevoſt.
Paris, 1735. 3 *vol. in-*12.

1488 Les Ecoſſeuſes, ou les Œufs de Pâques. *Troies*,
1739. *in-*12.

1489 Eſtevanille, ou le Garçon de bonne - humeur,
tiré de l'Eſpagnol, par le Sage. *Paris*, 1734. 2 *vol.*
*in-*12.

1490 Les Etrennes de la S. Jean. *Troies*, 1742. *in-*12.
gr. pap.

1491 Evandre & Fulvie, Hiſtoire tragique, 1728.
Aventures de Criſophile, ou le Triomphe de la
raiſon, par Malnourry de la Baſtille, 1714. *in-*12.

1492 Les Faveurs du ſommeil, Hiſtoire trad. d'un
Fragment Grec d'Ariſtenete. *Londres*, 1746. *in-*12.

1493 Faveurs & diſgraces de l'Amour, ou les Amans
heureux, trompés & malheureux. *La Haye*, 1726.
3 *vol. in-*12. *fig.*

1494 La Femme foible, ou les Dangers du commerce
fréquent des femmes avec les hommes, 1755.
*in-*12. *br.*

1495 La Fiammette amoureuſe de Jean Bocace, en
Franç. & en Italien. *Paris*, 1585. *in-*12.

1496 Gaſton de Foix : Nouvelle hiſtorique, galante
& tragique. *La Haye*, 1739. 2 *vol. in-*12.

1497 Gomgam, ou l'Homme prodigieux transporté dans l'air, sur la terre, sous les eaux, par Bordelon. *Paris*, 1713. 2 *vol. in*-12.

1498 Griselidis ou la Marquise de Saluce. *Paris*, 1724. *in*-12.

1499 Le Guerrier Philosophe, par de Rassiels du Vigier. *Paris*, 1712. *in*-12.

1500 Le Guerrier Philosophe, ou Mémoires du Duc de ***, contenant des Réflexions sur divers caracteres de l'Amour & des Anecdotes curieuses de la derniere guerre des François en Italie. *La Haye*, 1744. 4 *part.* 1 *vol. in*-12.

1501 Guzman d'Alfarache, par le Sage. *Amsterdam*, 1728. 3 *vol. in*-12. *fig.*

1502 Histoire amoureuse & tragique des Princesses de Bourgogne. *La Haye*, 1720. 2 *vol. in*-12.

1503 Histoire comique de Francion, par Du Molinet. *Leyde*, 1721. 2 *vol. in*-12. *fig.*

1504 Histoire d'Aménophis & la Comtesse de Vergi. *La Haye*, 1725. *in*-12.

1505 Histoire de Gerard, Comte de Nevers & de la Princesse Euriant sa Mie. *Paris*, *in*-12.

1506 Histoire de Gilblas de Santillane, par le Sage. *Paris*, 1730. 4 *vol. in*-12.

1507 Histoire de Jean de Bourbon, Prince de Carency, par Madame d'Aulnoy. *Paris*, 1729. 2 *vol. in*-12.

1508 Histoire de la Marquise d'Ozanne & ses Aventures. *Amsterdam*, 1740. 2 *vol. in*-12.

1509 Histoire de la Princesse Estime. *Paris*, 1709. *in*-12.

1510 Histoire de Mademoiselle de Salens. *La Haye*, 1740. 2 *vol. in*-12.

1511 Histoire Dona Rufine, Courtisane de Séville, trad. de l'Espagnol. *Amsterdam*, 1731 2 *vol. in*-12. *figures.*

1512 Histoire de Don Ranucio d'Aletez, histoire véritable. *Venise*, 1738. 2 *vol. in*-12. *fig.*

1513 Histoire de Madame de Muci. *Amsterdam*, 1731. *in* 12.

1514 Hist. de Marguerite d'Anjou, par l'Abbé Prevost. *Amsterdam*, 1740. 2 *vol. in*-12.

1515 L'Histoire de Melusine. *Troyes*, 1699. *in-12.*

1516 L'Heptameron, ou Histoire des Amans fortunés, des nouvelles de la Marguerite de Valois, par Claude Gruget. *Holl.* 1698. *2 vol. in-12.*

1517 Histoire des Favorites, par Mademoiselle de la Roche-Guilhen. *Amst.* 1700. *2 vol. in-12.*

1518 Histoire des Grecs, ou de ceux qui corrigent la fortune au jeu. *La Haye*, 1758. *3 vol. in-12 b.*

1519 Histoire des Passions, ou Aventures du Chevalier Shroop. *La Haye*, 1751. *2 tom. 1 v. in-12.*

1520 Histoire de Tom Jones, ou l'Enfant trouvé. trad. de l'Anglois de Fielding, par de la Place. *Londres*, 1750. *4 vol. in-12.*

1521 Histoire d'Hyppolite, Comte de Duglas. *Par.* 1736. *in-12.*

1522 Histoire du Chevalier Tiran le Blanc, trad. de l'Espagnol. *Londres.* *2 vol. in-8. broc.*

1523 Histoire du Petit Jehan de Saintré, de la jeune Dame des Belles-Cousines, avec des notes critiques & Historiques, &c. *Paris*, 1724. *3 volumes. in-12.*

1524 Histoire du Prince Soly, surnommé Prenany, & de la Princesse Festée. *Amst.* 1740. *in-12.*

1525 Histoire d'Osman, par Madame de Gomez. *Par.* 1734. *2 vol. in-12.*

1526 Histoire secrete de la Reine Zarah, & des Zaraziens, ou la Duchesse de Marlboroug 1712. *in-12.*

1527 Histoire secrete de Mahomet, Trad. de l'Arabe. *Constantinople*, 1754. *in-12.*

1528 Histoire secrete du Connétable de Lune. *Amst.* 1730. *in-12.*

1529 Histoires Tragiques & Galantes. *Par.* 1715. *3 vol. in-12. fig.*

1530 La Jeune Alcidiane, par de Gomez. *Paris*, 1733 *3 vol. in-12.*

1531 Les Illustres Françoises, Histoires véritables. *La Haye*, 1737. *3 vol. in-12.*

1531 * L'Illustre Malheureuse, ou la Comtesse de Janissanta. *Par.* 1730. *2 vol. in-12.*

1532 Les Jésuites en belle humeur, & les moines en belle humeur. *Colog.* 1725. *in-12.*

1533 ~~Intrigues Monastiques, ou l'Amour encapu~~chonné *La Haye*, 1739. *in-*12.

1534 Journées Amusantes, par de Gomez. *Par.* 1738. 8 *vol. in-*12. *fig.*

1535 L'Heureux Infortuné, Histoire Arabe, avec un Recueil de Pieces fugitives de vers & de profe. *Par.* 1722. *in-*12.

1536 Lilia, ou Histoire de Carthage. *Amst.* 1736. Apologie de l'Abbé Desfontaines, *Amst.* 1736. *in-*12.

1537 Lettres de Thérefe, ou Mémoires d'une jeune Demoiselle de Province, pendant fon féjour à Paris. *La Haye,* 1740. 2 *vol. in-*12.

1538 Lettres d'Ofman. *Constantinople*, 1753. 2 *tom. in-*12.

1539 Mahmoud le Gafnevide, Hist. Orientale, par Melon. *Rot.* 1729. *in-*8.

1540 Les Malades de belle humeur, ou Lettres divertiffantes écrites du Chaudray. *Par.* 1698. *in-*12.

1541 La Mandarinade, ou Histoire Comique du Mandarinat, de l'Abbé de Saint-Martin de-Miskou, & de fes démêlées. *La Haye,* 1738. 3 *vol. in-*12.

1542 Melifthenes, ou l'Illustre Perfan. *Paris,* 1732. *in-*12.

1543 Mémoires de la Comtesse Linska, Histoire Polonoife, dédiée à la Reine de Pologne, Duchesse de Lorraine, par Milon de Lavalle. *Paris,* 1739. 2 *vol. in-*12. *broc.*

1544 Mémoires de Moras. *La Haye.* 1740. *in-*12.

1545 Mém. de la Vie du Comte de * * avant fa retraite, par de St. Evremond. 1740. 3 *vol'. in-*12.

1546 Mémoires & Aventures du Comte de Kermalec. *La Haye,* 1740. 2 *vol. in-*12.

1547 ~~Mémoires pour fervir de fuite~~ à l'Histoire de ~~Mademoifelle Fretilion.~~ *La Haye,* 1750. *in-*12.

1548 Mémoires de Madame de Barneveldt. *Paris,* 1732. 2 *vol. in-*12.

1549 Mémoires de Duliz & de la Peliffier, avec le Triomphe de l'Intérêt. *Lond.* 1739. *in-*12.

1550 Mémoires de la Marquife de Frefne. *Amst.* 1734. *in-*12. *fig.*

1551

1551 Mémoires de Mademoifelle Bontemps , ou de la Comtefſe de Marlou, par Gueulette. *Amſt.* 1738. *in-*12.

1552 Mémoires du Comte de Grammont , par Hamilton. *La Haye* , 1760. 2 *vol. in-*12.

1553 Mémoires du Chevalier Hafard , trad. de l'Anglois. *Cologne* , 1705. *in-*12.

1554 Mémoires du Marquis d'Argens, avec quelques Lettres fur divers fujets. *Lond.* 1735. *in-*12.

1555 Mémoires Hiftoriques , ou Anecdote Galante & Secrete de la Duchefſe de Bar , fœur de Henri IV. *Amſt.* 1713. *in-*12.

1556 Mille & une faveurs , ou Ayentures de Zeloïde & d'Amanzarifdine , Contes Indiens. *Paris* , 1718. *in-*12.

1557

1558 Les Mille & une heure , contes Peruviens. *Amſt.* 1733. 2 *vol. in-*12.

1559 Mille & un jour , Contes Perfans , trad. par Petis de la Croix. *Paris* , 1710. 5 *vol. in-*12.

1560 Les Mille & une nuit , Contes Arabes , trad. par Galland. *Paris* , 1726. 6 *vol. in-*12.

1561 Les Mille & un quart-d'heure , Contes Tartares. *Par.* 1730. 3 *vol. in-*12. *fig.*

1562 Miral , ou Aventures incroyables , & toutefois , &c. par Bordelon. *Par.* 1708. *in-*12.

1563 Mylord Stanley , ou le Criminel vertueux. 1748. 3 *tom.* 1 *vol.* 12.

1564 Naufrage des Ifles flottantes , ou Bafiliade de Pilpay. *Meſſ.* 1753. *in-*12.

1565 Ne pas croire ce qu'on voit , par Bourfault. *Par.* 1739. *in-*12.

1566 La nouvelle Marianne , ou Mémoires de la Barone de *** par l'Abbé Lambert. *Holl.* 1741. 3 *vol. in-*8.

1567 La Nuit & le moment , ou les Matinées de Cythere , Dialogue. *Lond.* 1755. 1 *vol. in-*12. *br.*

1568 L'Orpheline Angloife , trad. de l'Anglois , par de la Place. *Paris* , 1751. 4 *vol. in-*12. broc.

1569 Pamela, ou la Vertu récompensée. *Lond.* 1742. 4 *vol. in-*12.

1570 Les Paniers, ou la Vieille précieuse, Comédie. Les Aventures du Voyageur Aërien, Histoire Espagnole. *in-*12.

1571 Le Paysan parvenu, par Marivaux. *Paris*, 1734. 2 *vol. in-*12.

1572 La Paysane parvenue, ou Mém. de la Marquise de * * * par le Chevalier de Mouhy. *Par.* 1736. 4 *vol. in-*12.

1573 Pigmalion, ou la Statue animée. *Lond.* 1742. *in-*12.

1574 Persille & Sigismonde, Histoire Septentrionale, tirée de l'Espagnol, de Cervantes, par Madame de Richebourg. *Paris*, 1738. 4 *vol. in-*12.

1575 Le Philosophe Anglois, ou Histoire de Cleveland, fils naturel de Cromwel, par l'Abbé Prevost. *Utrecht*, 1736. 7 *vol. in-*12.

1576 La Pierre Philosophale des Dames, ou Caprices de l'Amour & du destin, nouvelle Historique, par de Castera. 1723. Cartouche, ou les Voleurs, com. par le Grand. 1721. *in-*12.

1577 Plaisirs & chagrins de l'Amour *Amst.* 1722. 2 *vol. in-*12.

1578 Le Prince des Aigues Marines, & le Prince invisible, Contes. *La Haye*, 1744.

Affections de divers Amans, & Narrations d'Amour, de Plutarque. 1743.

Fables nouvelles, mises en vers, par M. D. D. L. P. D. C. *Paris*, 1744. *in-*12.

1579 La Princesse Lapounoise, Histoire Héroï-comique. 1738. *in-*12.

1580 Le Procès sans fin, ou Histoire de John Bull, trad. de Swift (par L. Velly) *Londres*, 1753. *in-*12.

1581 Le Puits de Vérité, Histoire Gauloise. *Paris*, 1698. *in-*12.

1582 Le Quart-d'heure Amusant. *Par.* 1727. *in-*12.

1583 Relation Historique & galante de l'invasion de l'Espagne, par les Maures. *La Haye*, 1699. 4 *t.* 1 *vol. in-*12.

1584 La Religieuse intéressée & amoureuse, avec l'Hist.

toire du Comte de Clare. *Holl.* 1732. *in-*12.

1585 La Retraite de la Marquife de Gozanne, conte, diverfes Hiftoires galantes & véritables. *Paris,* 1734. 2 *vol. in-*12.

1586 Roderic, ou le Démon marié , Mirra , ou la Démone mariée. *Demonopolis,* 1745. *in-*12.

1587 Roger-bon-temps en belle humeur, donnant aux triftes & aux affligés le moyen de chaffer leur ennui ; & aux joyeux , le moyen de vivre toujours contens. *Cologne,* 1731. 2 *tomes.* 1 *vol. in-*12.

1588 Le Roman Bourgeois , par Furetiere. *Nancy,* 1713. *in-*12.

1589 La Saxe galante. *Amft.* 1734. 2 *t.* 1 *v. in-*12.

1590 Scanderberg. *Paris,* 1732. 2 *vol. in-*12.

1591 Le Siecle , ou Mémoires du Comte de Solinville , par M. l'Evêque. *La Haye,* 1741.

Penfées facetieufes & bons mots , de Brufcambille. *Col.* 1741. *in-*12.

1592 Les Soirées Bretonnes. *Paris,* 1712. *in-*12.

1593 Le Solitaire Anglois , ou Aventures merveilleufes de Philippe Quarll , trad. de l'Anglois. *Paris,* 1729 *in-*12. *fig.*

1594 Le Solitaire de Terraffon, le Comte Roger , Souverain de Calabre. *Paris,* 1733. *in-*12.

1595 Le Songe d'Alcibiade , trad. du Grec. *Paris,* 1731. *in-*12.

1596

1597 Le Sopha , Conte Moral. 2 *vol. in-*12.

1598 La Sultane de Perfe , & les Vifirs , Contes Turcs. *Paris,* 1707. *in-*12.

1599 Les Sultanes de Guzarate , ou Songes des Hommes éveillés , Contes Mogols , par Gueulette. *Par.* 1732. 3 *vol. in-*12.

1600 Tanzai & Neadarné , Hiftoire Japonnoife. 1734. 2 *vol. in-*12.

1601 Tarfis & Zelie. *La Haye,* 1720. 6 *tom.* 3 *vol. in-*8. *fig.*

1602 Le Triomphe de la vertu , ou Voyages fur mer , & Aventures de la Comteffe de Breffol. *La Haye,* 1741. 3 *vol. in-*12.

1603 Turlubleu, Hiſtoire Comique. *Amſterd.* 1745. *in* 12. *broc.*

1604 La veuve en puiſſance de mari, Nouvelle Tragicomique. *Paris*, 1732. *in-12.*

1605 La Vie, les Amours, les Infortunes & Lettres d'Abaillard & d'Héloïſe ; Lettres d'une Religieuſe Portugaiſe, & les Lettres de Cleante & de Beliſe. *Amſt.* 1713. *in-12.*

1606 La Vie, Amours, Infortunes & Lettres d'Abaillard & d'Eloïſe. *Anvers*, 1738. 2 *tom.* 1 *v. in-12.*

1607 La Vie de Chimenes de Spinelli, par le Chevalier de Mouhy. *Paris*, 1738. 6 *parties.* 2 *vol. in-12.*

1608 Vie de Guzman d'Alfarache, tirée de l'Eſpagnol, par le Sage. *Paris*, 1709. 3 *vol. in-12.*

1609 Vie & Aventures de Lazarille de Tormes. *Brux. in-12. fig.*

1610 La même, en Eſpagnol & en François. *Paris*, 1615. *in-12.*

1611 Vie de Mariane, par Marivaux. *Paris*, 1741. 3 *vol. in-12.*

1612 Vie de Pedrille del Campo, Roman Comique. *Paris*, 1718. *in-12. fig.*

1613 La Voiture embourbée, par le Sage. *Paris*, 1714. *in-12.*

1614 Voyages de Cyrus, & Diſcours ſur la Mythologie, par Ramſay. 1728. *in-12.*
   Le Repos de Cyrus. 1732. 2 *vol. in-12.*

1615 Suite de la nouvelle Cyropedie, ou Réflexions de Cyrus ſur ſes voyages. *Amſt.* 1728.
   Lettres Critiques ſur les Voyages de Cyrus. 1728.
   Entretiens ſur les Voyages de Cyrus. *Amſt.* 1728. *in-12.*

1616 Aventures de Robinſon Cruſoé. *Amſterdam.* 3 *vol. in-12. figures.*

1617 Hiſtoire des Sevarambes, ou des Peuples qui habitent une partie des terres Auſtrales, nouvellement découvertes. *Amſt.* 1702. *in-12.*

1618 Voyage du Prince de Montberaud, dans l'Iſle de Naudely. 1706. *in-12. fig.*

1619 Voyage forcé de Becafort hypocondriaque , par Bordelon. *Paris* , 1709. *in-*12.

1620 Voyage de Groenlande , par de Mefange *Amft.* 1720. *in-*12.

1621 Découvertes de l'empire de Cantahar. *Paris* , 1730. *in-*12. *br.*

1622 Voyages & Aventures de François Le Guat. *Lond.* 1720. *in-*12. *fig.*

1623 Les Femmes militaires , ou Relation d'une Ifle nouvellement découverte. *Paris* , 1735. *in-*12. *fig.*

1624 Voyages de Gulliver , traduit de Jonat. Swift , par Desfontaines. *La Haye* , 1727. 2 *vol.* *in-*12.

1625 Nouveau Gulliver ou Voyage de Jean Gulliver , fils du Capitaine Gulliver, par Desfontaines. *Paris* , 1730. 2 *vol.* *in-*12.

1626 Le nouveau Télémaque ou Voyages & Aventures du Comte de ✳✳✳. à fon fils. *La Haye* , 1741. 2 *v.* *in-*12.

1627 Voyages de Jacques Maflé. *Bordeaux* , 1710. 1 *vol.* *in-*12.

1628 Voyage de S. Cloud , par mer & par terre, 1748.
    Le Retour de S. Cloud , par mer & par terre, 1750.
    Les Annales & Antiquités de S. Cloud , 1753.
    Lettres de Montmartre , par Jeannot Georgin , 1750. *in-*12.

1629 Voyages & Aventures des trois Princes de Sarendip. *Paris* , 1719. *in-*12. *fig.*

1630 Les Vrais plaifirs, ou les Amours de Venus & d'Adonis. *Amfterdam* , 1755. *in-*12.

1631 Zayde : Hiftoire Efpagnole , par Segrais. *Paris* , 1725. 2 *vol. in* 12.

1632 Le Zombi du grand Pérou, ou la Comteffe de Cocagne , 1697. *in-*12.

1633 Nouvelle mer des Hiftoires. *Paris* , 1733. 4 *part.* 2 *vol. in-*12.

1634 Œuvres de Madame de Villedieu. *Paris* , 1741. & fuiv. 11 *vol. in-*12.

PHILOLOGIE.

1635 Déclamation fur l'incertitude vanité & abus des Sciences, trad. du lat. de Henri-Corneille Agrippa. 1582. *in-8.*

1636 Le même. *Paris*, 1603. *in-12.*

1637 Doute fceptique fi l'étude des Belles-Lettres eſt préférable à toute autre occupation, par la Motte le Vayer. *Paris*, 1667. *in-12.*

1638 Traité de l'incertitude des Sciences. *Paris*, 1714. *in-12.*

1639 Effai fur les Erreurs populaires, trad. de l'Anglois de Thom. Brown, par l'Abbé Souchai. *Paris*, 1738. 2 *vol. in-12.*

1640 Difcours de J. J. Roulfeau : fi le rétabliffement des Sciences & des Arts à contribué à épurer les Mœurs & toutes les pieces relatives à cette queſtion. *Geneve*, 1750. 1 *vol. in-8.*

1641 Choix d'étude, par Fleury. 1724. *in-12.*

1642 Introduction générale à l'étude des fciences. *La Haye*, 1731. *in-12.*

1643 Effai fur l'Hiſtoire des Belles-Lettres, Sciences & Arts, par Juvenel de Carlencas. *Lyon*, 1749. 4 *vol. in-12.*

1644 Méthode d'étudier & d'enfeigner les Lettres par rapport aux Lettres divines, par L. Thomaffin. *Par.* 1681. 3 *vol. in-8.*

1645 Traité des études, par Rollin. *Paris*, 1726. 4 *vol. in-12.*

1646 Obfervations adreffées à M. Rollin fur fon Traité des études, par Gibert. *Paris*, 1727. *in-12.*

1647 Effai hiſtorique & philofophique fur le Goût, par Cartaud de la Vilate. *Paris*, 1736. *in-12.*

1648 Traité du Beau, par Croufaz. *Amſterd.* 1715. *in-12.*

1649 Effais fur le Beau ou examen du Beau dans le phyfique, dans le moral, les ouvrages d'efprit & dans la mufique, par André. *Paris*, 1741. *in-12.*

1650 Réflexions fur la Poéfie & la Peinture, par Du Bos. *Paris*, 1740. 3 *vol. in-12.*

1651 Nouvelle allégorique ou Histoire des derniers troubles arrivés au royaume d'éloquence. *Paris*, 1658. *in-12.*

1652 Paralelle des anciens & des modernes, par Perrault. *Paris*, 1688. *in-12.*

1653 Histoire de la guérre entre les anciens & les modernes. *Amsterdam*, 1688. 1 *vol in-12.*

1654 Caracteres des Auteurs anciens & modernes & jugemens de leurs ouvrages. *Paris*, 1704. *in-12.*

1655 Observations diverses sur la composition & lecture des Livres. *Paris*, 1668. *in-12.*

1656 Du Bel Esprit, où sont examinés les sentimens du monde. *Amsterdam*, 1695. *in-12.*

1657 Entretiens sur les anciens Auteurs, avec un abrégé de leur Vie. *Paris*, 1697. *in-12.*

1658 Maniere de bien penser dans les ouvrages d'esprit, par Bouhours *Paris*, 1715. *in-12.*

CRITIQUE.

1659 Réflexion sur la critique, par la Motte, avec plusieurs ouvrages du même Auteur. *Paris*, 1716. *in-12.*

1660 Essai sur la Critique, Poëme, trad. de Pope. *Paris*, 1730. *in-8.*

1661 Remarques de Faydit sur Virgile & sur Homere, & sur le style de l'Ecriture-sainte. *Par.* 1705. 2 *vol. in-12.*

1662 L'éleve de Terpsicore, ou le Nourrisson de la Satyre, par Boissy. *Amsterdam*, 1718. *in-12.*

1663 Lettres Critiques à M. le Comte, sur le Paradis perdu & reconquis de Milton, par R... *Paris*, 1731. *in-12.*

1664 Examen critique des ouvrages de Bayle. *Paris*, 1747. 1 *vol. in-12.*

1665 Recueil de Dissertations sur plusieurs Tragédies de Corneille & de Racine. *Paris*, 1740. 2 *vol. in-12.*

1666 Essai de Critique sur les Ecrits de M. Rollin, sur la Traduction d'Herodote & sur le Dictionnaire de la Martiniere, par Bellanger. *Amsterdam*, 1740. *in-12.*

1667 Dialogue entre le Diable boiteux & la Diable borgne, par le Noble. *Paris*, 1707. *in-12.*

1668 La Dunciade, ou l'Angletere démafquée, Anecdotes curieufes fur l'hiftoire Civile & Littéraire de ce fiecle, trad. de l'Anglois, 1748. *in-8.*

1669 Hiftoire fecrete, où l'on voit ce qui fe paffe préfentement dans la République des lettres, avec plufieurs récits galants & divertiffans. *Lond.* 1744.

Lettre à l'Abbé Desfontaine fur Pamela, 1742.

Mémoire de l'Abbé de Gourné contre l'Abbé Desfontaines, *in-12.*

1670 Le Critique & l'Apologifte fans fard, ou caracteres oppofés dans différens états & conditions. *Paris*, 1711. *in-12.*

SATYRES, INVECTIVES, APOLOGIES, DÉFENSES.

1671 Petrone Latin & François, trad. entiere fuivant le Manufcrit trouvé à Bellegrade en 1688, par Nodot, 1709. 2 *vol. in-12.*

1672 Le même 1713. 2 *vol. in-12.*

1673 Satyre de Petrone, trad. par de Boifpreaux, (Desjardins.) *La Haye*, 1742. 2 *tom.* 1 *vol. in-8.*

1674

1675 Critique de la Charlatenerie en plufieurs difcours faits & prononcés par elle-même. *Paris*, 1726. *in-12.*

1676 Chef-d'œuvre d'un inconnu du Docteur Mathanafius. *La Haye*, 1714.

L'état des Sciences en France depuis 1031 jufqu'en 1314, par l'Abbé Le Beuf, *Paris*, 1741. *in-12.*

1677 La Louange de la fotife, déclamation d'Erafme de Roterdam. *La Haye*, 1642. *in-12.*

1678 Louange de la folie, trad. d'Erafme, par Petit. *Paris*, 1670. *in-12.*

1679 Eloge de la folie, trad. d'Erafme par Gueudeville, avec les notes de Liftre & les figures de Holbein. *Amfterdam*, 1731. *in-8.*

1680

1680 La même. *Paris*, 1751. *in-12.* & *tirée in-4. fig.*

1681 La fameuſe Compagnie de la Léſine, ou Aleſne, la maniere d'épargner, conſerver, acquérir, trad. de l'Italien. *Paris*, 1618. *in-12.*

1682 Le contre Léſine & louanges de la libéralité, avec la Comédie des noces d'anti-Léſine. *Paris*, 1618. *in-12.*

1683 Le Voyage de Mercure ſatyre. *Paris*, 1669. *in-12.*

1684 Diſcours de l'ivreſſe & ivrognerie, des cauſes, nature & effets de l'ivreſſe, de la maniere de carouſſer, & les combats bachiques des anciens, par J. Mouſin. *Toul*, 1612. *in-8.*

1685 L'éloge de l'ivreſſe, par Sallengre. *La Haye*, 1714. *in-8.*

1686 L'éloge de la Chaſſe, avec pluſieurs Aventures. *Paris*, 1723. *in-12.*

1687 Eloge de la Fievre-quarte, trad. du latin de Guillaume Menape, par Gueudeville. *Leyde*, 1728. *in.12.*

1688 Eloge de la Médecine & Chirurgie de Beevervyk, trad. par Zoutelandt. *Paris*, 1730. *in-12.*

1689 Eloge des Normands & des grands hommes qui ſont ſortis de la Normandie, par Riviere. *Paris*, 1731. *in-12.*

1690 Eloge de Rien, dédié à perſonne, avec la Poſt-face. *Paris*, 1730. *in-12.*

1691 Mémoires pour ſervir à l'Hiſtoire de la Calotte, 1752. 5 *vol. in-12.*

DISSERTATIONS PHILOLOGIQUES ENJOUÉES, TRAITÉS SUR LES PRÉROGATIVES DE L'UN ET L'AUTRE SEXE.

1692 Paradoxes, Propos contre les communes opinions, pour exerciter les jeunes eſprits en cauſes difficiles, par Henri Etienne. *Paris*, 1654. *in-8.*

1693 L'Erreur combattue, que le monde ne va pas de mal en pis, par de Rampalle. *Paris*, 1641. *in-8.*

1694 Dialogues & diſcours fantaſtiques de Juſtin Ton-

O

nélier & de fon ame, traduit de l'Italien de Gelly. *Paris*, 1575. *in-16*.

1695 Doctes & fubtiles réponfes de Bart. Tægio, trad. de l'Allemand, par Antoine du Verdier. *Lyon*, 1577. *in-16*.

1696 Le Printemps d'Yver, par Yver. *Paris*, 1581. *in-12*.

1697 L'Eté de Bénigne Poiffenot, où font contenues plufieurs hiftoires récréative. *Paris*, 1583. *in-12*.

1698 Les Mondes terreftres, céleftes & infernaux, le monde petit, grand, imaginé, des Sages & Fous: l'Enfer des Ecoliers, des mal-mariés, des P. des Rufians, des Capitaines poltrons, des Prêtres docteurs, des Ufuriers, des Poëtes & Compofiteurs ignorans, trad. de Doni, par G. Chappuis. *Lyon*, 1583. *in-8*.

1699 Les Neuf matinées du Seigneur de Cholieres. *Paris*, 1586. *in-12*.

1700 Les Contes & Difcours bigarrés de Cholieres, déduits ès après-dînées du Carnaval. *Paris*, 1613. *in-12*.

1701 Serées de Guillaume du Bouchet. *Lyon*, 1615. 3 *vol. in-8*.

1702 Les Jeux de l'inconnu. *Rouen*, 1645. *in-12*.

1703 Comus ou le Banquet diffolu des Cimeriens Songe, trad. du latin d'Erycius Puteanus, par Ni. Pelloquin. *Paris*, 1613. *in-12*.

1704 La Langue. *Paris*, 1705. *in-12*.

1705 L'Afne, par Coquelet. *Par.* 1729. 2 *vol. in-12. br.*

1706 Les Chats, par Moncrif. *Paris*, 1727. *fig.*

L'Hiftoire des Rats, pour fervir à l'Hiftoire Univerfelle, 1737.

Apologie des Bêtes, ou leurs connoiffance & raifonnement, par Morfouace de Beaumont. *Paris*, 1732. *in-8*.

1707 Cent queftions & réponfes fur différens fujets, par Bordelon. *Paris*, 1704. 2 *vol. in-12*.

1708 Amufemens férieux & comiques, par Dufrefny. *Paris*, 1723. *in-12*.

1709 Nouveaux amufemens férieux & comiques. *La Haye*, 1736. *in-12*.

1710 Mémoires de l'Académie des Sciences & Belles-Lettres de Troyes, par Grosley. *Paris*, 1756. *in-12.*

1711 Les Saturnales Françoises. *Paris*, 1736. 2 *vol. in-12. br.*

1712 Almanach des gens d'esprit, par un homme qui n'est pas un sot, par Chevrier, 1762. *in-12.*

1713 Bagatelles morale, par l'Abbé Coyer. *Londres*, 1755. *in-12.*

1714 De l'excellence & dignité de l'homme, par Pierre Boystuau. *Paris*, 1559. *in-8.*

1715 De l'égalité des deux sexes. *Paris*, 1673. *in-12.*

1716 Recueil de pieces, Dialogue du mérite & de la fortune, triomphe du beau Sexe sur les hommes où l'on fait voir les avantages & les prérogatives qui rendent les femmes supérieures aux hommes. *Hambourg*, 1719. *in-12.*

1717 De la grandeur & excellence des femmes au-dessus des hommes, trad. du latin de Henri Corneille Agrippa. *Paris*, 1713. *in-12.*

1718. Corneille Agrippa : de la Noblesse & excellence du sexe féminin, de sa prééminence, du mariage, de l'incertitude & vanité des Sciences & des Arts, par Gueudeville. *Leyde*, 1726. 3 *vol. in-12.*

1719 Controverses des sexes masculin & féminin, 1538. *in-12.*

1720 La sphere de la Lune, composée de la tête de la femme. *Paris*, 1652. *in-8.*

1721 Apothéose du beau sexe. *Londres*, 1712. *in-12.*

1722 L'excellence du mariage, de sa nécessité & du moyen d'y vivre heureux, par Jacques Chaussé de la Terriere *Amst.* 1685. *in-12.*

1723 Satyre Ménippée, sur les poignantes traverses du mariage, par de Courval. *Paris*, 1621.

Discours sur les femmes, par L. R. P. Achilles de Barbantanne, 1754. *in-12.*

1724 L'Art de rendre les femmes fideles, par M. ***. *Paris*, 1713. *in-12.*

1725 Supplément de TasseRouziFrioutirave, aux femmes, ou aux maris pour donner à leurs femmes, par Bordelon, 1713. *in-12.*

1726 Les arrêts d'Amours, avec l'Amant rendu Cordelier à l'obfervance d'amour, par Martial de Paris, & les Commentaires juridiques & joyeux de Benoît de Court. (donnés par l'Abbé Lenglet Du Frefnoy.) *Amfterdam*, 1731. *in*-12.

1727 Privileges du C.... *in*-12.

1728 Les Amis des Amies, imitation d'Ariofte, par Berenger de la Cour. *Lyon*, 1558. *in*-8. *gothiq*.

1729 Dialogues & Devis des Damoifelles pour les rendre vertueufes & bienheureufes en vraie & parfaite amitié. *Paris*, 1583. *in*-18.

1730 Satyre fur les femmes bourgeoifes qui fe font appeller Madame. *La Haye*, 1713. *in*-8. *fig*.

1731 Les affections de divers Amans, 1743. *in*-12.

1732 La Maladie d'amour ou Mélancholie érotique, les caufes, les fignes & les remedes de ce mal fantaftique, par Jacq. Ferrand. *Paris*, 1623. *in*-8.

1733 Les Enthoufiafmes ou éprifes amoureufes de P. Sapet. *Paris*, 1556. *in*-8.

1734 Jardin de l'honnête Amour.

     Promenades de la Guinguette.

     La Femme mécontente de fon mari.

     La malice des femmes.

     La méchanceté des filles.

     Les facétieufes rencontres de Verboquet.

     Débats & rencontres de Gringalet & de Guillot Gorgeu fon maître.

     Rencontres, fantaifies & coq-à-l'âne du Baron Gratelard.

     Confrerie des Soauls d'ouvrer & enragés de rien faire.

     Sermons du Pere Bacchus.

     Hiftoire de Guillery.

     L'Argot, ou le jargon des Gueux, *in*-12.

1735 Amitiés, Amours & Amourettes, par le Pays. *Paris*, 1667. *in*-12.

1736 Banniffement des folles amours. *Lyon*, *in*-8.

1737 Les moyens de fe guérir de l'amour, converfation galante. *Paris*, 1681. *in*-12.

1738 Lucina fine concubitu, 1750. *in*-8.

1739 Médaille curieuse, ou les écueils des jeunes
cœurs. *Paris*, 1672. *in-12. avec la figure.*
1740 Formulaire du cérémonial de l'ordre de la félicité, 1755. *in-12.*

A P O P H T E G M E S , B O N S   M O T S   E T   A N A.

1741 Apophtegmes des anciens & les stratagêmes de
Frontin, trad. par Perrot d'Ablancourt. *Paris*, 1664.
in·4.
1742 Trésor des sentences dorées, dicts, proverbes,
dictons communs, bouquet de philosophie morale,
par demandes & réponses, par Gabr. Meurier. *Lyon*,
1582. *in-16.*
1743 Les Divertissemens curieux, ou le Trésor des
meilleures rencontres & mots subtils de ce temps.
Lyon, 1662. *in-8.*
1744 Paroles remarquables, bons mots & maximes
des Orientaux. *Paris*, 1694. *in-12.*
1745 Réflexions, pensées & bons mots de Pepinocourt.
Paris, 1696. *in-12.*
1746 Récréations Françoises, ou Contes à rire. *Paris*,
1658. *in-12.*
1747 Recueil de bons mots des anciens & des modernes. *Paris*, 1707. *in-12.*
1748 Le même. *Paris*, 1719. *in-12.*
1749 Elite de bons mots & de pensées choisies, tirées
des Auteurs en ana. *Amsterdam*, 1707. 2 *volum.*
in-12.
1750 Saillies d'esprit, ou Choix curieux, de traits
utiles & agréables pour la conversation. *Rotterd.*
1726. *in-12.*
1751 Elite de bons mots, pensées choisies, histoires
singulieres. *Amsterdam*, 1731. 2 *vol. in-12.*
1752 Passe-tems agréable, ou Choix de bons mots.
Rotterdam, 1732. *in-12.*
1753 L'esprit des conversations agréables, ou Nouveau mélange de pensées choisies, par Gayot de
Pitaval. *Paris*, 1731. 3 *vol. in 12.*
1754 Saillies d'Esprit, ou Choix curieux, de traits

agréables, anecdotes, réflexions, &c. par le même. *Paris*, 1732. 2 *vol. in-*12.

1755 L'Art d'orner l'esprit en l'amusant, ou Choix de traits vifs & saillans, par le même, *Paris*, 1732. 2 *vol. in-*12.

1756 Historiettes divertissantes, tirées de Guichardin, & d'autres Auteurs, avec diverses plaisanteries, & Dialogues Ital. & François, par Pompe. *Paris*, 1693. *in-*12.

1757 Proverbia Germanica, Belgica, Italica, Gallica. *in-*8.

1758 Proverbes Espagnols & François, par Oudin. *Lyon*, 1613. *in-*12.

1759 Arliquiniana, ou bons Mots, Histoires plaisantes & agréables, recueillies des conversations d'Arlequin. *Par.* 1692. *in-*12.

1760 Carpentariana, ou Remarques d'Histoire, de Morale, par Charpentier. *Paris*, 1724. *in-*12.

1761 Œuvres diverses de Chevreau. *La Haye*, 1697. 2 *tom.* 1 *vol. in-*12.

1762 Bibliotheque choisie de Colomiez, avec les Notes de Bourdelot & de la Monnoye. *Paris*, 1731. *in-*12.

1763 Ducatiana, ou Remarques de le Duchat, sur l'Histoire & la Littérature. *Amsterdam*, 1738. 2. *v. in-*12.

1764 Fureteriana, ou les bons Mots de Furetiere. *Par.* 1696. *in-*12.

1765 L'Esprit de Guy Patin. *Amst.* 1709. *in-*12.

1767 Huetiana, ou Pensées diverses de Huet. *Paris*, 1722. *in-*12.

1767 * Matanasiana, ou Mémoires littéraires, par de Saint-Hyacinthe. *La Haye*, 1740. *in-*12.

1768 Maupertuisiana. *Hambourg*, 1753. *in-*8.

1769 Menagiana, ou bons mots, pensées &c, de Menage. *Paris*, 1729. 4 *vol. in-*12.

1770 Anti-Menagiana, où l'on cherche ces bons mots, cette morale, ces pensées judicieuses, & tout ce que l'affiche du Menagiana nous a promis. *Paris*, 1693. *in-*12.

1771 Singularités remarquables de Naudé & Patin.
Paris, 1701. in-12.

1772 Parrhasiana, ou Pensées diverses sur des matieres de Critique, d'Histoire, de Morale & de Littérature, par Théod. Parrhase ; (Jean le Clerc) Amst. 1699. 2 vol. in-12.

1773 Parrhasiana, ou Pensées diverses sur des matieres Critiques, d'Histoire, de Morale & de Politique, par Théodore Pharrase. Amsterdam, 1699. in-12.

1774 Perroniana, sive exerpta ex ore Perronii : Thuana, sive exerpta ex ore Thuani. Genevæ, 1669. in-12.

1775 Poggiana, & un Supplément de diverses pieces importantes. Amst. 1720. 2 vol. in-12.

1776 Mémoires de Littérature (par Sallengre) La Haye, 1715. 4 par. 2 vol. in-8.

1777 Santeuilliana, ou bons Mots de Santeuil, La Haye, 1708. in-8.

1778 Vasconiana, ou Recueil de bons Mots, Pensées, &c, des Gascons. Paris, 1710. in-12.

1779 Voltariana, ou Eloges Amphigouriques de Franç. Marie Arrouet, Sieur de Voltaire, &c. 1748. in-8.

HIÉROGLYPHES, EMBLEMES.

1780 Iconologie, ou Explication de plusieurs Images Emblêmes & autres figures Hiéroglyphiques, de Cesar Ripa, donné par Jean Baudoin. Paris, 1677. in-4. fig. de de Bie.

1781 Hiéroglyphiques de Jean Pierre Valerian, trad. par Montliart. Lyon, 1615. in-fol.

1782 Devises Héroïques & Emblêmes de Claude Paradin, données par Franç. d'Amboise. Paris, 1621. in-12. fig.

1783 Recueil d'Emblêmés, Devises, Médailles, par Verrien. Paris, 1696. in-8.

1784 Recueil d'Emblêmes, ou Tableau des Sciences & des Vertus Morales, par Baudoin. Paris, 1698. 2 vol. in-8. fig.

P O L Y G R A P H E S.

1785 Les Images & Tableaux de platte-peinture, de Philoſtrate, trad. par Arthus Thomas, Sieur d'Æmbry. *Par.* 1615. *in fol.*

1786 Lucien, trad. par Perrot d'Ablancourt. *Amſterd.* 1709. 2 *vol. in-12. fig.* de Picart

1787 Mélanges d'Hiſtoire & de Littérature, par Vigneul de Marville (Bonaventure d'Argonne) *Paris*, 3 *vol. in-12.*

1788 Entretiens, Œuvres diverſes, Lettres de Balzac, & ſon Apologie. *Par.* 1660. *& ſuivant.* 4 *vol. in-12.*

1789 Amuſemens Littéraires, ou correſpondance Politique, Hiſtorique, Philoſophique, Critique & Galante, par la Barre de Beaumarchais. *La Haye*, 3 *vol. in-12.*

1790 Lettres ſérieuſes & badines ſur les Ouvrages des Savans, & ſur d'autres matieres, par la Barre de Beaumarchais *La Haye*, 1740. 8 *vol. in-8. br.*

1791 Œuvres diverſes de Bellegarde. *Amſterdam.*, 1742. 15 *vol. in-12.*

1792 Œuvres de Benſerade, *Holl.* 1698. 2 *vol. in-12.*

1793 Mélanges de Littérature Angloiſe, par Madame B. . . *Paris*, 1759. *in-12.*

1794 Mémoires Politiques, amuſans & ſatyriques, de J. N. D. B. C. de L. (Moreau de Brazei) *Holl.* 1735. 3 *vol. in-8. fig.*

1795 Œuvres de Chalamont de la Viſclede. *Par.* 1726. 2 *vol. in 12.*

1796 Œuvres de Cyrano de Bergerac. *Amſt* 1710. 2 *v. in-12.*

1797 Œuvres diverſes du P. Daniel. *Par.* 1724. 3 *vol in-4.*

1798 Les Aventures de d'Aſſoucy. *Paris*, 1677 & 1679. 3 *vol. in-12.*

1799 Les Penſées de d'Aſſouci, dans les priſons du Saint Office à Rome. *Paris*, 1679. *in-12.*

1800 La Priſon de d'Aſſouci. *Paris*, 1679. *in-12.*

1801

1801 Œuvres diverses du Président du Vair. *Rouen*, 1612. *in-*8.

1802 Œuvres de Claude Faucher. *Paris*, 1610. *in-*4.

1803 Dissertations mêlées sur divers sujets importans & curieux (par Faydit) *Amst.* 1740. 2 *vol. in-*8.

1804 Œuvres de Fontenelle. *La Haye*, 1728. 3 *vol. in-*4. figures de B. Picart.

1805 Mélanges Philosophiques, par Formey. *Leyde*, 1754. 2 *vol. in-*12.

1806 Œuvres diverses, & Romans du Comte de Hamilton. *Paris*, 1762. 6 *vol. in-*12.

1807 Recueil de Littérature, de Philosophie & d'Histoire (par Jordan) *Amst.* 1730. *in-*12.

1808 Mes Pensées. 1751. *in-*12.

1809 Entretiens sur divers sujets d'Histoire de Littérature, de Religion & de Critique (par la Croze) *Cologne*, 1711. *in-*8.

1810 Œuvres diverses de la Motte le Vayer. *Dresde*, 1756. 14. *vol. in-*8.

1811 Œuvres de la Motte. *Paris*, 1754. 11 *volumes. in-*12.

1812 Recueil de différentes choses, par le Marquis de Lassay. *Lausanne*, 1756. 4 *vol. in-*8.

1813 Recueil de Pieces sur la Philosophie, la Religion, l'Histoire, &c. par Leibnitz Clarck & Newton. *Amst.* 1740. 2 *vol. in-*12.

1814 Singularités Historiques & Littéraires, par Dom Lyron. *Paris*, 1738. 2 *vol. in-*12.

1815 Œuvres diverses, Théâtre & Romans de Marivaux. *Paris*, diverses années. 20 *vol. in-*12.

1816 Mélanges Historiques & Philosophiques, par Michault. *Paris*, 1754. 2 *vol. in-*12.

1817 Bibliotheque instructive, amusante, par Niceron. *Paris*, 1758. 3 *vol. in-*12.

1818 Mélanges de Littérature & de Philosophie, trad. de l'Anglois de Pope, par Silhouette. *La Haye*, 1742 2 *vol. in-*12.

1819 Les Œuvres du P. Rapin. *Amsterd.* 1709. 3 *vol. in-*12.

1820 Œuvres mêlées de Remond de Saint Mard. *La Haye*, 1742. 3 *vol. in-*12.

P.

1821 Diſſertations Hiſtoriques & Critiques, ſur divers ſujets, par Rival. *Amſt.* 1726. 3 tom. 1 *vol. in*-12.

1822 Œuvres mêlées de J. J. Rouſſeau. *Amſt.*, 1762. 2 *vol. in*-12.

1823 Les mêmes. *Neufchatel*, 1764. 14 *vol. in*-8.

1824 Variétés ſérieuſes & amuſantes (par Sablier) *Paris*, 1762. 2 *vol. in*-12.

1825 Œuvres de Sacy. *Paris*, 1722. *in*-4.

1826 Les Œuvres de Sarazin. *Amſt.* 1694. *in*-12.

1827 Œuvres de Scarron. *Paris*, diverſes années. 11 *vol. in*-12.

1828 Les mêmes. *Amſt.* 1695. 10 *vol. in*-12.

1829 Œuvres de Saint Evremond. *Lond.* 1725. 7 *vol. in*-12.

1830 Les mêmes. *Paris*, 1753. 12 *vol. in*-12.

1831 Œuvres mêlées de M. le Chevalier S. J. S. Jorry. *Amſt.* 1732. 2 *vol. in*-12.

1832 Variétés ou divers écrits, par de S. H. Saint Hyacinthe. *Amſt.* 1744. *in*-12.

1833 Mémoires Littéraires, par S. D. L. A. G. (ou Matanaſiana) *La Haye*, 1716. 2 *tom.* 1 *v. in*-12.

1834 Le Je-ne-ſcai-quoi, mélanges curieux, Hiſtoriques & Critiques, Penſées choiſies, par Cartier de Saint Philippe. *La Haye*, 1724. 2 *vol. in*-12.

1835 Œuvres de Saint Real. *Par.* 1724. 5 *vol. in*-12.

1836 Production d'Eſprit, contenant ce que les Arts & les Sciences ont de plus merveilleux, trad. de Swift. *Par.* 1736, 2 *vol. in*-12.

1837 Œuvres mêlées du Chevalier Temple. *Holl.* 1694. 2 *vol. in*-12.

1838 Diſſertations ſur différens ſujets, par Huet, recueillies par l'Abbé Tilladet, augmentées des Remarques de Benoiſt. *La Haye*, 1710. 2 *vol. in*-12.

1839 Eſſais ſur divers ſujets de Littérature & de Morale, par L'Abbé Trublet. *Paris*, 1749. 3 *volumes in*-12. *grand papier.*

1840 Œuvres de Van Effen, le Miſantrope & la Bagatelle, diſcours Ironiques. *Amſt.* 1722. 5 *vol. in*-12.

1841 Œuvres de Voiture. *Paris*, 1677. *in*-12.

1842 Recueil de nouvelles Pieces Fugitives, en proſe & en vers, par Voltaire. *Lond.* 1741. *in*-12.

1843 Œuvres mêlées de M. ** *Paris*, 1732. *in-12.*

1844 Mon Radotage & celui des autres 1759. *in-12.*

1845 Diverses Leçons de Pierre Messie, données par Claude Gruget. *Paris*, 1576. 2 *vol. in-16.*

1846 Hexameron ou Six Journées, contenant plusieurs doctes discours sur aucuns points difficiles, trad. de l'Espagnol, de Ant. de Torquemade, par Gabriel Chappuis. *Rouen*, 1615. 1 *vol. in-12.*

1847 Demandes curieuses & Réponses, par Meynier. *Paris*, 1635. *in-8.*

1848 Hexameron rustique, ou Six Journées passées à la Campagne, entre des personnes studieuses, par la Motte le Vayer. *Amst.* 1698. *in-12.*

1849 Prose chagrine. *Paris*, 1661. *in-12.*

1850 Recueil de Pieces galantes, en vers & en prose. *Colog.* 1664. *in-12.*

1851 Mémorial de quelques Conférences, avec des personnes studieuses. *Paris*, 1669. 1 *vol. in-12.*

1852 Maximes & Pensées diverses. *Paris*, 1678. *in-12.*

1853 Conversation sur divers sujets. *Paris*, 1684. 2 *vol. in-12.*

1854 Retour de Pieces choisies, ou Bigarures curieuses. *Holl.* 1687. *in-12.*

1855 Réflexions Maximes, sur différens sujets de Morale, de Religion & de Politique. *Paris*, 1692. *in-12.*

1856 Remarques ou Réflexions Critiques, Morales & Historiques, sur les plus belles pensées des Auteurs anciens & modernes. *Lyon*, 1693. *in-12.*

1857 Diversités curieuses, pour servir de récréation à l'esprit. 1694. *in-12.*

1858 Nouvelles Remarques, ou Réflexions Critiques, Morales & Historiques, par Bordelon. *Lyon*, 1695. *in-12.*

1859 Bigarures ingénieuses, ou Recueil de diverses Pieces galantes, en prose & en vers. *Holl.* 1696. 3 *vol in-12.*

1860 Histoires Sublimes & Allégoriques, par la Comtesse de ** *Paris*, 1699. *in-12.*

1861 Pensées ingénieuses des Peres de l'Eglise, par Bouhours. *Par.* 1700. *in-12.*

1862 Bibliotheque curieuse & instructive, de divers Ouvrages anciens & modernes de Littérature, & des Arts, par Menestrier. *Trevoux*, 1704. 1 *tom.* 2 *vol. in-12.*

1863 Entretiens sur divers sujets d'Histoire de politique & de Morale, par de G *** *Paris*, 1704. *in-12.*

1864 Le Sublime des Auteurs, ou Pensées choisies, rédigées par matieres. *Paris*, 1705. *in-12.*

1865 Réflexions sur divers sujets. *Paris*, 1709. *in-12.*

1866 L'Ambigu d'Auteuil, ou Vérités Historiques. *Par.* 1709. *in-12.*

1867 Mélanges Historiques, recueillis & commentés, par M. *** *Amst.* 1718. *in-12.*

1868 Recréations Littéraires. *Paris*, 1723. 1 *volume. in-12.*

1869 Les Coudées franches, Ouvrage satyrique curieux, par Bordelon. *Paris*, 1723. *in-12.*

1870 Le Cabinet du Philosophe. *Paris*, 1734. *in-12.*

1871 Productions d'esprit. *Par.* 1736. 2 *vol, in-12.*

1872 Divers écrits sur l'amour & l'amitié, la politesse, la volupté, les sentimens agréables, l'esprit & le cœur. *Brux.* 1736. *in-12.*

1873 Le Crafts-man, trad. de l'Anglois. *Amst.* 1737. 2 *vol. in-12.*

1874 Pensées diverses, & Réflexions Philosophiques propres à former l'esprit & le cœur. *Paris*, 1755. *in-12.*

1875 Les Pensées errantes, avec quelques Lettres d'un Indien, par Madame *** *Londres*, 1758. *petit in-12. broc.*

1876 Recueil de Pieces, en prose & en vers, de l'Académie de la Rochelle, *Par.* 1747. *in-8.*

1877 Recueil Factum, pour le Noble, Lettres de Rollin à Gibert.

Clef des Caracteres de Théophraste, Remarques sur le Poggiana. Vie de Mezerai. 1726. *in-12.*

1878 Pieces Fugitives de Littérature. *in-8 & in-12. br.*

1879 Le nouveau Magazin François, Années 1750, 1751, 1752. 3 *vol. in-8.*

1880 Recueil, Maniere de nourrir les enfans à la mamelle.

Le Je ne sçais quoi de vingt minutes, porte-feuille nouveau, ou Mélanges choisis de prose & de vers, 1739.

Le Défi Amoureux de Ligdame & de Cloris, poëme en Lat. & en François

Agnès de Chaillot. *in-8.*

1881 Pieces Fugitives, en vers & en prose. 1 *vol. in-4. manuscrit.*

É P I S T O L A I R E S.

1882 Lettres de Cicéron à Atticus. *Paris*, 1691. 2 *vol. in-12.*

1883 Lettres de Pline, trad. par Sacy. *Paris*, 1721. 3 *vol. in-12.*

1884 Les véritables Lettres d'Abeillard. *Paris*, 1723. 2 *vol. in-12.*

1885 Lettres choisies de Bayle, avec des Remarques. *Rotterdam*, 1714. 3 *vol. in-12.*

1886 Lettres Nouvelles de feu Boursault, accompagnées de Fables & Contes, &c. *Paris*, 1719. 3 *vol. in-12.*

1887 Lettres familieres de Conrard. *Paris*, 1681. *in-12.*

1888 Lettres de la Marquise de M ***. au Comte de R **. par Crébillon. *La Haye*, 1738. *in-12.*

1889 Lettres d'un François, par l'Abbé le Blanc. *La Haye*, 1745. 3 *vol. in-12.*

1890 Lettres du Card. d'Ossat, avec des notes d'Amelot de la Houssaye. *Amsterd.* 1708. 5 *vol. in-12.*

1891 Lettres historiques & galantes de Madame Du Noyer. *Londres*, 1739. 6 *vol. in-12.*

1892 Lettres galantes du Chevalier d'Her ***. par Fontenelle. *Paris*, 1708. *in-12.*

1893 Lettres de Godeau. *Paris*, 1713. *in-12.*

1894 Lettres de Guy Patin. *Paris*, *Hollande*, 1692. 2 *vol. in-12.*

1894* Lettres du Cardinal Mazarin sur la négociation des Pyrénées. *Amsterd.* 1694. *in-12.*

1895 Lettres de Ninon de Lenclos, au Marquis de Sevigné. *Amsterd. Jolly*, 1750. 2 tom. 1 vol. *in*-12.

1896 Lettres de Rablais écrites pendant son voyage d'Italie, données avec des Observations, par MM. de Sainte-Marthe. *Brusselles*, 1710. *in*-8.

1897 Lettres de la Marquise de Sevigné à la Comtesse de Grignan, sa fille. *Paris*, 1735. 7 *vol. in*-12.

1898 Lettres choisies de Simon, 1700. 1 *vol. in*-12.

1899 L'Espion Civil & Politique, ou Lettres d'un Voyageur sur toutes sortes de sujets, par M. de V***. surnommé le Chrétien errant. *Lond.* 1744. *in*-8.

1900 Lettres Cabalistiques ou Correspondance philosophique, historique, critique entre deux Cabalistes, &c. par le Marq. d'Argens. *La Haye*, 1741. 6 *vol. in*-8.

1901 Lettres Chinoises, ou Correspondance philosophique & critique, &c. *La Haye*, 1739. 5 *volum. in*-12.

1902 Lettres Juives, ou Correspondance philosophique, historique & critique. *La Haye*, 1738. 6 *vol. in*-12.

1903 Lettres Françoises & Germaniques, sur les François & les Allemands. *Londres*, 1740. *in*-8.

1904 Lettres Persannes. *Amsterd.* 2 *vol. in*-12.

1905 Nouvelles Lettres Persanes, trad. de l'Anglois. *Londres*, 1735. *in*-12.

1906 Lettres Moscovites. *Paris*, 1736. *in*-12.

1907 Lettres Saxonnes. *Berlin*, 1728. 2 tom. 1 *vol. in*-12.

1908 Lettres sur les Anglois & les François, 1726. *in*-12.

1909 Lettres héroïques, historiques & intéressantes, sur divers sujets. *Paris*, 1732. 1 *vol. in*-12.

1910 Lettres Philosophiques, sérieuses, critiques & amusantes. *Paris*, 1733. *in*-12.

1911 Les Amusemens de l'amitié, ou Recueil de Lettres de la Cour de Louis XIV. *Paris*, 1729. 1 *vol. in*-12.

1912 Lettres instructives sur les erreurs du tems. *Lyon*, *Paris*, 1715. 2 *vol. in*-12.

1913 Lettres de Loredano, Italiennes & Françoises, données par Veneroni. *Bruxelles*, 1708. *in-12.*

DIALOGUES.

1914 Les Colloques d'Erafme, trad. par Gueudeville. *Leyde*, 1720. *6 tom. 3 vol. in-12. fig.*

1915 Les Plaifans Dialogues de Nicolo Franco. *Lyon*, 1579. *in-12.*

1916 Cinq Dialogues d'Oratius Tubero, par la Motte le Vayer. *Hollande*, 1671. *in-12.*

1917 Les mêmes. *Ffort. Trévoux*, 1716. 2 *v. in-12.*

1918 Dialogues fatyriques & moraux, par Petit. *Lyon*, 1687. *in-12.*

1919 Les Entretiens d'Arifte & d'Eugenes, par Bouhours. *Amfterdam*, 1708. *in-12.*

1920 Dialogues des Dieux, ou Réflexions fur les paffions, par Remond de S. Mard. *Amfterdam*, 1711. *in-12.*

1921 Dialogues des morts anciens & modernes, pour l'éducation d'un Prince, par Fénélon. *Paris*, 1725. 2 *vol. in-12.*

1922 Dialogues des morts & poéfies, paftorales de Fontenelle, 1713. 3 *vol. in-12.*

1923 Jugement de Pluton fur les nouveaux Dialogues des morts, par Fontenelle. *Paris*, *in-12.*

1724 Les Entretiens des Voyageurs fur la mer. *Colog.* 1715. 4 *vol., in-12. fig.*

1925 Dialogues des vivans. *Paris*, 1727. *in-12.*

1926 Dialogues critiques & philofophiques de Chartre Livry. (Profper Marchand.) *Amfterdam*, 1730. *in-12.*

HISTOIRE.

INTRODUCTION A L'HISTOIRE
ET GÉOGRAPHIE.

1927 Méthode pour étudier l'Hiftoire, par Lenglet

Dufresnoy. *Paris*, 1739. 7 *vol. in-4. grand papier, le tome septieme contient les cartons.*

1928 Lettres sur l'Histoire, par Henri Saint-Jean Bolimbrock, traduites de l'Anglois, 1752. 2 *vol. in-12.*

1929 Description de l'Univers, par Allain Manesson Mallet. *Paris*, 1683. 5 *vol. in-8. fig.*

1930 Les Etats, Empires, Royaumes & Principautés du monde, par le sieur D. T. V. Y. *Paris*, 1638. *in-folio.*

1931 Urbium, Insularum, regionum Dictionarium alphabetico ordine, Francisci Fondeur. *Lauduni*, 1680. *in-4.*

1932 Principes de Géographie. *Paris*, 1690. *in-12.*

1933 Méthode pour apprendre la Géographie, avec une table des principales villes & un Traité de la Navigation, par Robbe. *Paris*, 1721. 2 *vol. in-12.*

1934 Traités Géographiques & Historiques, pour faciliter l'intelligence de l'Ecriture-sainte. *La Haye*, 1730. 2 *vol. in-12.*

1935 Géographie moderne, naturelle, historique & politique, par Du Bois. *Leyde*, 1729. 4 *tom.* 4 *vol. in-4. fig.*

1936 Géographie physique, ou Essai sur l'Histoire naturelle de la terre, trad. de l'Anglois de Wodvard, par Noguez. *Amsterdam*, 1735. *in-8.*

1937 Géographie, Hist. Ecclésiastique & Civile de Dom Vaissette. *Paris*, 1755. 12 *vol. in-12.*

1938 Géographie de Hubner, trad. de l'Allemand. *Basle*, 1757. 6 *vol. in-8.*

1939 Le Dictionnaire Géographique. *Bruxelles*, 1694. *in-8.*

1940 Dictionnaire universel, Géographique & Historique, contenant la description des Royaumes, &c. par Corneille *Paris*, 1708. 3 *vol. in-fol.*

1941 Dict. Géographique & Historique, contenant une description de tous les Etats, &c. par Michel-Antoine Baudrand. *Paris*, 1705. 1 *vol. in-fol. gr. pap.*

1942 Dict. Géographique, universel, extrait de Baudran, par Maty. *Utrecht*, 1712. *in-4.*

1943 Dict. Géographique, trad. de Laurent Echard, par Vosgien & donné par Ladvocat. *Par.* 1767. *in-8.*

1944

1944 Dict. Géographique, Historique, de Bruzen de la Martiniere. *Paris*, 1769. 6 *vol in-folio*.

1245 Abrégé du même. *Paris*, 1 *vol. in-8*.

VOYAGES.

1946 Relation de divers Voyages curieux, enrichie de figures, de plantes non décrites, d'animaux inconnus à l'Europe & de Cartes Géographiques. *Paris*, 1663. 1 *vol. in-fol. gr. pap.*

1947 Le Voyageur curieux, qui fait le tour du Monde, avec des matieres d'entretiens qui composent l'Histoire curieuse, par le Sr. Le B. *Paris*, 1664. 2 *vol. in-4.*

1948 Voyage autour du Monde, par Dampier. *Rouen*, 1715. 5 *vol. in-12. fig.*

1949 Histoire des découvertes des Européens dans les différentes parties du monde, trad. de l'Anglois de Barrouv, par Targe. *Paris*, 1767. 12 *vol. in-12.*

1950 Voyages de Pietro della Vallée. *Rouen*, 1745. 8 *vol. in-12.*

1951 Voyages de Rabbi Benjamin, fils de Jona Tudele en Europe, Asie, Afrique & Chine, donnés par Baratier. *Amsterdam*, 1734. 2 *vol. in-12.*

1952 Voyages autour du Monde, par Georges Anson, publiés par Richard Walter. *Amsterdam*, 1749. *in-4. figures.*

1953 Voyage d'Italie, par Misson. *La Haye*, 1702. 4 *vol. in-8. fig.*

1954 Voyage historique & politique d'Espagne en 1655. *Hollande*, 1666. *in-12.*

1955 Voyage de la Reine d'Espagne, par de Prechac. *Paris*, 1680. 2 *tom.* 1 *vol. in-12.*

1956 Mémoires & Observations faites par un Voyageur en Angleterre. *La Haye*, 1698. *in-12.*

1957 Recueil de Voyages au Nord. *Rouen*, 1716. 3 *vol. in-12. figures.*

1958 Voyage de Paul Lucas au Levant. *Paris*, 1714. 1 *vol. in-12.*

1959 Le très-dévot Voyage de Jerusalem, avec les

figures des lieux Saints, par Jean Zuallart. *Anvers*, 1626. *in-*4.

1960 Relation d'un Voyage au Mont Sinaï, & à Jerufalem, par Morifon. *Paris*, 1714. *in-*4.

1961 Voyage d'Alep à Jérufalem, par Maundrell. *Paris*, 1706. *in-*12.

1962 Voyage de Palestine & defcription de l'Arabie, par D. L. R. (de la Roque.) *Paris*, 1717. *in-*12.

1963 Voyage de l'Arabie heureufe, par l'Ocean oriental. *Paris*, 1716. *in-*12.

1964 Troifieme Voyage de Paul Lucas fait en 1714. en Turquie, Afie, Sourie-Palestine, Haute & Baffe Egypte. *Rouen*, 1719. 3 *vol. in-*12. *fig.*

1965 Les Six Voyages de J. B. Tavernier, Baron d'Aubonne, en Turquie ou Perfe & aux Indes. *Rouen*, 1713. 6 *vol. in-*12. *fig.*

1966 Hiftoire générale du Serail, par Tavernier. *Paris*, 1624. *in-*4.

1967 Voyages de Fran. Bernier au Mogol. *Amfterd.* 1710. 2 *vol. in-*12. *fig.*

1967 * Les Voyages de Jean Struys, en Mofcovie, Tartarie, en Perfe, avec la Relation d'un naufrage, par Glanius. *Amfterdam*, 1681. *in-*4. *fig.*

1968 Journal d'un Voyage (de Du Quefne,) aux Indes Orientales. *La Haye*, 1731. 3 *vol. in-*12.

1969 Voyage de Siam, de l'Abbé de Choify. *Trévoux*, 1741. *in-*12.

1970 Voyage des Jéfuites, à Siam, &c. *Amfterdam*, 1688. *in-*12. *fig.*

1971 Lettres critiques de Hadgi Mehemmed Effendi, fur les Mémoires du Chevalier d'Arvieux, & des éclairciffemens fur les mœurs, ufages des orientaux. *Paris*, 1735. *in-*12.

1972 Recueil de divers Voyages en Afrique & en Amérique, avec un Traité touchant la haute Ethiopie, les débordemens du Nil & Prête-Jean. *Paris*, 1674. *in-*40.

1973 Voyage du Baron de la Hontan dans l'Amérique Septentrionale, & Dialogues de la Hontan & d'un Sauvage. *Amfterdam*, 1728. 3 *volum. in-*12. *figures.*

1974 Voyage aux Côtes de Guinée & en Amérique,
par M. N***. *Amfterdam*, 1719. *in-12. fig.*

1975 Voyage de Thomas Gage dans la nouvelle Efpagne. *Amfterdam*, 1720. 2 *vol. in-12.*

1976 Navigations aux Terres Auftrales, par M. le P.
de Broffes. *Paris*, 1756. 2 *vol. in-4.*

CHRONOLOGIE ET HISTOIRE UNIVERSELLE.

1977 Méthode d'Hiftoire & de Chronologie, par le
P. Labbe. *Paris*, 1664. *in-12.*

1978 Calendrier perpétuel, &c. *Paris*, 1741. *in-12.*
broché.

1979 Differtation Analytique fur les Chronographes.
Bruxelles, 1718. *in-12.*

1980 Les vraies Centuries de Maître Michel Noftradamus expliquées fur les affaires de ce tems. *Paris*,
1655. *in-12. br.*

1980 La Concordance des prophéties de Noftradamus
& fa vie, par Guynaud. *Paris*, 1709. *in-12.*

1981 L'Art de vérifier les dates, par les Religieux
Bénédictins. *Paris*, 1759. *in-4.*

1981 * Chronologie de l'Hiftoire Sainte, par Alfonfe
des Vignolles. *Berlin*, 1761. 2 *vol. in-4.*

1982 Les Elémens de l'Hiftoire, par de Vallemont.
Paris, 1729. 4 *vol. in-12.*

1983 L'Hiftoire profane depuis fon commencement
jufqu'à préfent. *Paris*, 1714. 6 *vol. in-12.*

1984 Abrégé de l'Hiftoire univerfelle, par Claude
de Lifle. *Paris*, 1731. 7 *vol. in-12.*

1985 Difcours fur l'Hiftoire univerfelle, par Boffuet.
Paris, 1729. 2 *vol. in-12.*

1986 Hiftoire de l'Eglife & de l'empire, par Le Sueur,
& continuée par B. Pictet. *Amfterdam*, 1730. 11 *v.*
in-4.

1987 Hiftoire univerfelle facrée & profane, par Calmet. *Strasbourg*, 1735. 10 *vol. in-4.*

1988 Introduction à l'Hiftoire générale & politique de
l'univers, par le Baron de Pufendorff. *Amfterdam*,
1738. 9 *vol. in-12.*

Q ij

1989 La même continuée par M. de Grace. *Paris*, 1753. 8 *vol. in*-4.

1990 Histoire universelle de J. A. de Thou, traduct. *Paris*, 1734. 16 *vol. in*-4.

1991 Abrégé de la même, donné par M. de Saint-Albine. *Paris*, 1759. 10 *vol. in*-12.

1992 Abrégé Chronologique de l'histoire des Empereurs. *Paris*, 1753. *in*-12.

1993 Histoire des Révolutions & Conspirations célebres, par Du Port du Tertre. *Paris*, 1762. 12 *vol. in*-12.

1994 Le Grand Théatre historique, ou Nouvelle histoire universelle, tant sacrée que profane depuis la création du monde jusqu'au commencement du dix-huitieme siecle, par Gueudeville. 3 *vol. in-fol. pet. pap. fig. avec les médaillons*

1995 Atlas Historique, ou Nouvelle Introduction à l'Histoires à la Chronologie & à la Géographie ancienne & moderne représentée dans de nouvelles cartes, par le même. *Amsterdam*, 1721. 7 *vol. in-fol.*

1996 Le Bouquet historial recueilli des meilleurs Auteurs Grecs, Latins, François. *Paris*, 1665. *in*-12.

1997 Le Cabinet ou la Bibliothéque des Grands, avec des Remarques & recherches sur les Etats souverains, par Gédéon de Pontier. *Paris*, 1681. 2 *vol. in*-12.

1998 Tableau historique de l'état de France, Allemagne, Espagne, anciennes & modernes. *Par.* 1669. *in*-12.

1999 Abrégé Chronologique de tous les Empereurs qui ont regné depuis Jules César jusqu'à Leopold Ignace. *La Haye*, 1700. *in*-12.

2000 Lettres du Chevalier Temple, ou Relation de ce qui s'est passé dans la Chrétienté depuis 1665 jusqu'en 1672. *La Haye*, 1700. 2 *vol. in*-12.

2001 Mémoires de ce qui s'est passé dans la Chrétienté depuis 1672 jusqu'en 1679, par Temple. *La Haye*, 1694. *in*-12.

2002 Entretiens du Philosophe Saturnin & d'Elise,

avec un Solitaire, fur les plus fameux événemens arrivés depuis le commencement de ce fiecle, &c. *Paris*, 1696. *in-12.*

2003 L'Efpion Turc dans les Cours des Princes Chrétiens. *Cologne*, 1715. 7 *vol. in-12.*

2004 L'Efpion de Thamas Kouli-Kan dans les Cours de l'Europe, trad. du Perfan. *Cologne*. 1746. *in-12.*

2005 Hiftoire de la grande Crife de l'Europe, fuite de la mort de Charles VI. *Londres*, 1743. *in-8.*

2006 Lettres & Mémoires du Baron de Polnitz, contenant fes Obfervations fur les Cours & les principales perfonnes de l'Europe. *Amft.* 1737. 5 *vol. in-12.*

2007 Hiftoire de la derniere Guerre & des Négociations pour la Paix, par Maffuet. *Amfterdam*, 1734. 4 *vol. in-12.*

2008 Hiftoire de la Guerre préfente (en 1733.) par par Maffuet. *Amfterd.* 1735. *in-8. fig.*

2009 Mémoires pour fervir à l'hiftoire de l'Europe, depuis 1740. jufqu'en 1748. *Amfterd.* 1749. 4 *vol. in-12. br.*

2010 Mémoires hiftoriques militaires & politiques de l'Europe, par l'Abbé Raynal. *Amfterdam*, 1754. 3 *vol. in-12.*

2011 Hiftoire de la Guerre de 1741, par Voltaire. *Amfterdam*, 1755. *in-12. br.*

2012 Annales politiques de l'Abbé de S. Pierre. *Londres*, 1757. 2 *vol. in-8. br.*

2013 L'Obfervateur Hollandois, ou Lettres fur les affaires préfentes. *La Haye*, 1755. *in-8.*

HISTOIRE ECCLÉSIASTIQUE.

HISTOIRE DES RELIGIONS ET CULTES.

2014 Relation de l'état de la Religion, par quels deffeins elle a été forgée & gouvernée, par Edwin Sandis. *Hollande*, 1641. *in-12.*

2015 Recherches curieufes fur la diverfité des Langues & des Religions, trad. Brerewood, par J. de la Montagne. *Paris*, 1663. *in-8.*

2016 Hiftoire des Religions de tous les Royaumes

du Monde, par Jovet. *Paris*, 1710. 4 *vol. in*-12.

2017 Le Monde, Histoire Dogmatique de l'univers, considéré du côté de la Religion. *Cologne*, 1740. *in*-12.

2018 Histoire Critique de la Créance & des Coutumes des Nations du Levant par de Moni, (Richar Simon.) *Ffort*, 1684. *in*-12.

2019 Conformité des Cérémonies Chinoises, avec l'idolâtrie Grecque & Romaine. *Cologne*, 1700. *in*-12.

2020 Conformités des Cérémonies modernes avec les anciennes. Critique du Neuvieme Livre de l'Histoire de Varillas. Des Révolutions de Religion, trad. de l'Ang. de Burnet. *Amst.* 1686. *in* 8.

2021 Histoire Critique des Dogmes & des Cultes qui ont été dans l'Eglise depuis Adam jusqu'à J. C. par Jurieu. *Amst.* 1704. *in*-4.

2022 La Religion des anciens Chrétiens, dans les premiers fiecles du Christianisme, trad. de l'Anglois de Guil. Cave. *Amst.* 1711. 2 *vol. in*-8.

2023 Religion ancienne & moderne des Moscovites. *Col.* 1698. *in*-8. *fig.*

2024 Histoire Critique des Pratiques superstitieuses, avec la Méthode pour discerner les effets naturels d'avec ceux qui ne le font pas. *Rouen*, 1702. *in*-12.

2025 Mémoires pour Rome, fur l'Etat de la Religion dans la Chine. 1709. 4 *vol. in*-12.

2026 Etat préfent de l'Eglife Romaine, dans toutes les parties du monde, par Urbaño Cerri. *Amsterd.* 1716. *in*-8.

2027 Coutumes & Cérémonies Religieufes de tous les peuples du monde, repréfentées en figures deffinées & gravées par B. Picart. *Amst.* 1739. 7 *vol. in-fol.*

HISTOIRE ECCLÉSIASTIQUE GÉNÉRALE.

2028 Mœurs des Ifraélites & des Chrétiens, par Fleury. *Par.* 1735. *in*-12.

2029 Histoire de l'ancien Testament, par Arnaud d'Andilly. *Par.* 1675. *in*-4.

2030 Histoire de l'ancien & du nouveau Testament &

des Juifs, par Auguſtin Calmet. *Par.* 1719. 2 *vol.*
in-4.

2031 La même. *Paris*, 1725. 7 *vol. in-*12.

2032 Hiſtoire Sainte des deux Alliances. *Paris*,
1741. 7 *vol. in-*12.

2033 L'Etat de l'Egliſe, avec le diſcours des temps,
depuis les Apôtres juſqu'à Charles V, par Jean de
Heſnault. 1557. *in*-8.

2034 L'Hiſtoire Eccléſiaſtique nommée Tripartite. *Par.*
1587. *in*-8.

2035 Hiſtoire Eccléſiaſtique de l'Abbé Fleury, la continuation du P. Fabre, & la Table des matieres. *Par.*
1720. & ſuiv. 40 *vol. in-*12.

2036 Diſcours ſur l'Hiſtoire Eccléſiaſtique, par l'Abbé
Fleury. 3 *vol. in-*12.

2037 Obſervations ſur l'Hiſtoire de l'Ab. Fleury, adreſ-
ſées à Bénoît XIII, & aux Evêques. *Malines*, 1729.
in-8.

2038 La mauvaiſe Foi de l'Ab. Fleury, prouvée par
pluſieurs paſſages, des Peres, des Conciles & d'autres
Auteurs Eccléſiaſtiques, qu'il a omis, tronqués ou
infidélement trad. & remarques ſur ſes diſcours. Conformités de l'Ab. Fleury avec les Hérétiques, par le
R. P. Baudoin de Houſta. *Malines*, (1733). *in*-8.

2039 Dénonciation de l'Hiſtoire Eccléſiaſtique de l'Ab.
Fleury, aux Evêques. 1740.
Sermon de Boſſuet ſur l'Egliſe. Neuvieme diſcours
de Fleury. *Paris*, 1735. 1 *vol. in-*12.

2040 Juſtification des Diſcours & de l'Hiſtoire Eccléſiaſtique de l'Abbé Fleury. 1736. 2 *vol. in-*12.

2041 Hiſtoire de l'Egliſe de Godeau. 1696. 7 *volumes
in-*12. *Le tome ſeptieme contient une ample Table
des matieres mſſ.*

2042 Hiſtoire de l'Egliſe, par Dupin. *Paris*, 1712.
4 *vol in-*12.

2043 Hiſtoire de l'Egliſe, depuis J. C. juſqu'à préſent, diviſée en quatre parties, par Baſnage. *La
Haye*, 1723 2 *vol. in-fol.*

2044 Abrégé de l'Hiſtoire Eccléſiaſtique, contenant
les événemens conſidérables de chaque ſiecle, par
Bonaventure Racine. *Cologne*, 1752. 13. *v. in* 12.

2045 Lettres à Franç. Morenas , fur fon Abrégé de l'Hiftoire Eccléfiaftique. 1753. Lettres d'un Magiftrat au même. 1754. *in*-12. *broc.*.

2046 Mémoires Chronologiques & Dogmatiques , pour fervir à l'Hiftoire Eccléfiaftique , depuis 1600 jufqu'en 1716, par d'Avrigny. 1720. 4 *vol. in*-12.

2047 Abrégé Chronologique de l'Hiftoire Eccléfiaftique , par Macquer. *Par.* 1757. 2 *vol. in*-8.

2048 Hiftoire des cinq propofitions de Janfenius , par Dumas. *Liege*, 1699. *in*-12.

2049 Queftions importantes à l'occafion de la nouvelle Hiftoire de la Congrégation de Auxiliis. *Liege* , *in*-8.

2050 Errata de l'Hiftoire des Congrégations de Auxiliis , par l'Abbé le Blanc , condamnée par l'Inquifition d'Efpagne. *Liege* , 1702. *in* 8.

2051 Anecdotes ou Mémoires fecrets de la Conftitution , par de Villeforre. *Utrecht* , 1733. 3 *vol. in*-12.

2052 Refutation des Anecdotes , par Pierre Lafiteau. *Aix* , 1734. *in*-8.

2053 L'Etat préfent de l'Eglife Gallicane , avec un Examen Critique des erreurs de la conduite de Clément XI. *Amft.* 1719. *in*-12.

2054 Catéchifme Hiftorique & Dogmatique fur les conteftations qui divifent maintenant l'Eglife. *Nancy*, 1733. 2 *vol. in*-12.

2055 Démonftration de la caufe des divifions qui regnent en France , *Avignon*, 1754. *in*-12. *br.*

2056 Difcours de le Gros fur l'Hiftoire.... Eccléfiaftique 1748. *in*-8.

2057 La Foi & l'Innocence du Clergé d'Hollande , défendues par Dubois. *Delft.* 1700.

Abus & nullité du décret de Rome , au fujet des affaires de l'Eglife Catholique des Provinces-unies. 1708. *in*-12.

HISTOIRE DES CONCILES.

2058 Dictionnaire portatif des Conciles, *Paris* , 1758. *in*-8.

2059

2059 Hiſtoire des Conciles généraux. *Paris*, 1699. 2
. vol. *in*-12.

2060 Hiſtoire du Concile de Piſe, par l'Enfant. *Utr.*
1721 2 vol. *in*-4.

2061 Hiſtoire de la guerre des Huſſites & du Concile de Baſle, par le même. *Utrecht*, 1721. 2 vol. *in*-4.

2062 Hiſtoire du Concile de Trente, trad. de Fra-
Paolo, par Amelot de la Houſſaye. *Amſterd.* 1699.
in-4.

2063 Hiſtoire du Concile de Trente, trad. de Fra-Pao-
lo, avec des notes Hiſtoriques, Critiques & Théologiques, par le P. Courayer. *Baſle*, 1738. 2 vol.
in-4.

2064 Le Bureau de Concile de Trente, par Gentil-
let 1586. *in*-8.

2065 Défenſe de la traduction de l'Hiſtoire du Con-
cile de Trente, contre les Cenſures de quelques
Prélats & de quelques Théologiens, par le Pere le
Courayer. *Amſt.* 1742. *in*-12.

2066 Lettres & Mémoires de François de Vargas, de
Pierre de Malvenda & autres, touchant le Concile de Trente, par Michel le Vaſſor. *Amſt.* 1700.
in-8.

2067 Lettres, Anecdotes & Mémoires Hiſtoriques du
Nonce Viſconti au Concile de Trente, par Aymon.
Amſt. 1719. 2 vol. *in*-12.

HISTOIRES DES PAPES ET DE LA COUR DE ROME.

2068 Hiſtoire des Conclaves, depuis Clément V juſqu'à préſent. *Col.* 1703. 2 vol. *in*-12. *fig.*

2069 Hiſtoire des Papes, depuis St. Pierre juſqu'à
Clément X. *Lyon*, 1672. *in*-12.

2070 Hiſtoire du Papiſme, par Jurieu. *Rotterd.* 1683.
2 vol. *in*-4.

2071 Hiſtoire du Papiſme, ou Abrégé de l'Hiſtoire
de l'Egliſe de Rome, trad. de Leydecker. *Amſterd.*
1685. 2 vol. *in*-12.

2072 Hiſtoire des Papes, depuis St. Pierre juſqu'à
préſent. *La Haye*, 1732. 5 vol. *in*-4.

R

2073 Histoire du Pontificat d'Eugene III, par Delanne. *Nancy*, 1737. *in-12.*

2074 Histoire de la Papesse Jeanne, fidelement tirée de la dissertation latine de Spanheim. *La Haye*, 1736. 2 *vol. in-12. fig.*

2075 Vie du Pape Sixte V, trad. de l'Italien de Gregorio Leti, par le Pelletier. *Paris*, 1731. 2 *volumes in-12. fig.*

2076 Histoire du Pontificat du Pape Innocent II, par de Lannes. *Paris*, 1741. *in-12.*

2077 Vie de Olympe Maldachini qui a gouverné l'Eglise sous Innocent X, par Gualdi. *Cosmopoli*, 1666. *in-12.*

2078 Maximes de Paul III, & ses démêles avec Charles Quint sur le Concile de Trente, tirées des Anecdotes de Hurtado Mendoza, publiées par Aymon, le tout donné par Gueudeville. *La Haye*, 1716. *in-12.*

2079 Mémoires Historiques sur la vie de Grégoire VII, & de Vincent de Paul. 1743. 3 *vol. in-12.*

2080 De la dignité de Cardinal, par Aubery. *Paris*, 1673. *in-12.*

2081

2082 Le Divorce céleste, causé par les dissolutions de l'Epouse, 1644. Dialogue entre deux Gentilhommes sur la guerre présente d'Italie contre le Pape.

La Bassinade, ou Battement de bassins pour les Abeilles Barberines. 1 *vol. in-12.*

2083 Le Nepotisme de Rome, ou des Raisons qui portent les Papes à agrandir leurs neveux, & du mal qu'ils ont causé à l'Eglise, trad. de l'Italien. *Holl.* 1669. *in-12.*

2084 Intrigues de la Cour de Rome, depuis 1669 jusqu'en 1676. *Paris*, 1697. *in-12.*

2085 Tableau de la Cour de Rome, sa Politique, son Gouvernement spirituel & temporel, les Cérémonies, &c. *La Haye*, 1707. *in-8.*

2086

2087

2088 Anecdotes Ecclésiastiques sur la police, discipline de l'Eglise Chrétienne, les intrigues de la Cour de Rome, tirées de l'Histoire de Naples de Giannone. *Amst.* 1738. *in-12.*

HISTOIRES DES ORDRES RELIGIEUX ET MILITAIRES.

2089 Lettres pour & contre les Thérapeutes (s'ils étoient Chrétiens)? *Paris*, 1712. *in-12.*

2090 Histoire des ordres Monastiques, &c. *Berlin*, 1751. 7 tom. 5 *vol. in-12.*

2091 Histoire des ordres Religieux de l'un & de l'autre sexe, avec les figures de leurs habits, gravées par Adrien Schoonebeeck. *Amsterd.* 1695 & 1700. 2 *vol. in-8.*

2092 Histoire de la fondation des Ordres Religieux. *Amst.* 1688. *in-12.*

2093 Histoire du Clergé Séculier & Régulier, des Congrégations de Chanoines & ordres Religieux de l'un & de l'autre sexe, tirée de Bonnani, Herman, Schoonebeeck, Helyot & autres. *Amsterd.* 1716. 4 *vol. in-8. fig.*

2094 L'Apocalypse de Meliton, ou Révélation des Mysteres Cenobitiques. *Holl.* 1668. *in-12.*

2095 Les Moines, empruntés par Pierre Joseph. *Col.* 1696. *in-12.*

2096 Le Moine sécularisé. 1677. *in-8.*

2097 L'Auteur du Moine Sécularisé, se retractant & faisant amande honorable. *Col.* 1676. *in-12.*

2098 Alcoranus Franciscanorum, è libro conformitatum exerptus. *Amst.* 1734. 2 *v. in-12 fig.* de B. Picart.

2099 La Legende dorée, Sommaire d'histoire des Freres Mandians de l'Ordre de Dominique & de François, &c. *Leyde*, 1608. *in-8.*

2100 La même. *Holl. in-8.*

2101 La guerre Seraphique, ou Histoire des périls qu'a couru la barbe des Capucins, par les attaques des Cordeliers, & Dissertation sur l'Inscription du grand portail des Cordeliers de Rheims. *La Haye*, 1740. *in*-12.

2102 Le Capucin, de l'origine, vœux, regles, disciplines des Capucins, par Pierre du Moulin. *Sed.* 1641.

Trois Sermons faits en présence des PP. Capucins, par le même. *Charanton*, 1651.

Réponse aux Sermons de du Moulin, par les Capucins. *Sedan*, 1640.

Journal des Capucins, & plusieurs pratiques secretes de leur Ordre, par François Cloue ex-Capucin.

Examen du Livre du P. Joseph de Morlaix, Capucin, contre les trois Sermons de du Moulin, par lui-même. *Sedan*, 1641. *in*-8.

2103 Apologie des Dominicains Mission. de la Chine. Réponse au Livre du P. Tellier. *Col.* 1700. *in*-12.

2104 Histoire de l'Ordre de St. Dominique, par le R. P. Touron. *Par.* 1748. 3 *vol. in*-4.

2105 Histoire de l'admirable Dom Inigo de Guipuscoa Chevalier de la Vierge, &c. par le sieur Hercule Rasiel de Selva. *La Haye*, 1738. 2 *v. in*-12.

2106 Histoire des Religieux de la Compagnie de Jesus. *Utrecht*, 1741. 2 *vol. in*-12.

2107 La Monarchie des Solipses, trad. de Melchior Inchoffer. *Amst. in*-12.

2108 Tuba magna & tuba altera, de necessitate reformandi. S. J. *Argentina*, 1712. 2 *vol. in*-12.

2109 Le Mercure Jésuite, ou Recueil de pieces concernant les Jésuites depuis 1620, jusqu'en 1626. *in*-8.

2110 Recueil de pieces Historiques & curieuses, manifeste de Pierre du Jardin, de la Demoiselle d'Escoman ; Apologie de de Thou, Catéchisme des Jésuites. *Delft*, 1717. 2 *vol. in*-12.

2111 La chasse du Renard Pasquin, découvert & pris en sa taniere (ou Critique du Catéchisme des Jésuites). *Villefranche*, 1603. *in*-12.

2112 Le Jésuite sécularisé *Col.* 1683. *fig.*

Critique du Jésuite sécularisé. *Cologne*, 1683. 1 *vol. in*-12. *fig.*

2113 La politique des Jésuites démasquée. 1719. *in-12.*

2114 Problême Historique, qui des Jésuites ou de Luther & Calvin ont plus nui à l'Eglise. *Avignon*, 1757. 2 *vol. in-12. broché.*

2115 Les Jésuites criminels de Leze-Majesté, dans la Théorie & dans la Pratique, *La H.* 1758. *in-12. broc.*

2116 Recueil de pieces pour & contre les Jésuites. *brochures in-8 & in-12.*

2117 L'Innocence opprimée, ou Histoire de la Congrégation des Filles de l'Enfance & la suite. *Toulouse*, 1688 & 1691. 2 *vol. in-8.*

2118 Mémoires sur la destruction de Port-Royal. 1711. *in-12.*

2119 Histoire de tous les Ordres Militaires & de Chevalerie, par Schoonebeeck *Amsterd.* 1699. 2 *vol. in-12. fig. maroquin rouge.*

2120 Histoire des Ordres Militaires ou de Chevalerie, milices, séculieres & régulieres, de l'un & de l'autre sexe, tirée de Bonnani Giustiniani Schoonebeeck, Helyot, Herman & autres. *Amst.* 1721. 4 *vol. in-8. fig.*

2121 Histoire des Chevaliers Hospitaliers de St. Jean de Jérusalem, appellés depuis Chevaliers de Rhodes, & aujourd'hui de Malte, par Vertot. *Paris*, 1726. 4 *vol. in-4. grand pap. fig.*

2122 Histoire de la condamnation des Templiers, Histoire du Schisme d'Avignon, & quelques procès criminels, par du Puy. *Par.* Martin. 1700. *in-12.*

2123 La même. *Brux.* 1713. 2 *vol. in-12.*

2124 Histoire, Obligations, Statuts des Francs-Maçons. *Francfort*, 1742. *in-12.*

VIES DES SAINTS ET DES PERSONNES RECOMMANDABLES PAR LEUR PIÉTÉ, DES RELIQUES ET LIEUX-SAINTS.

2125 Vies des Saints de l'ancien Testament, tirées de l'Ecriture Sainte, avec des Réflexions. *Paris*, Robustel, 1704. 4 *vol. in-8.*

2126 Vies des SS. Peres des Déferts & de quelques Saints, tirées des Peres de l'Eglife, par Antoine Arnauld. *Paris*, 1701. 3 *vol. in*-8.

2127 Vies des Saints Peres des Déferts & des Saints Solitaires d'Orient & d'Occident. *Amfterdam*, 1714. 4 *vol. in*-8. *fig.*

2128 Vies de plufieurs Saints illuftres de divers fiecles, par Arnaud d'Andilly. *Paris*, 1682. 2 *vol. in*-8.

2129 La Vie des Saints pour tous les jours de l'année. *Paris*, *Robuftel*, 1697. 4 *vol. in*-8.

2130 Les Vies des Saints, & l'hiftoire des Fêtes, &c. par Baillet. *Paris*, 1716. 4 *vol. in-fol.*

2131 Les mêmes. *Paris*, 1701. 17 *vol. in*-8.

2132 Les mêmes abrégées. *Paris*, 4 *vol. in*-8.

2133 Vies des Saints, par Mezanguy. *Paris*, 1734. 2 *vol. in*-4.

2134 Les Actes des Martyrs, par Thierry Ruinart & trad. par Drouet de Maupertuis. *Paris*, 1739. 2 *vol. in*-12.

2135 Les mêmes. 2 *vol. in*-8.

2136 Vies des Saints, pour tous les jours de l'année. *Lyon*, 1744. *in-fol.*

2137 Jeux admirables de la Divine Providence, par de Gerimont, ou Vies de plufieurs perfonnes touchés de la grace & qui fe font converties. *Cologne*, 1690. *in*-8.

2138 La Vie de Tobie le pere. *Paris*, 1726. *in*-12.

2139 Abrégé de la Vie & des ouvrages de M. Arnauld. *Cologne*, 1695. *in*-12.

2140 Converfion de M. de Chanteau, par M. Feuillet. *Paris*, 1706. *in*-12.

2141 Vie de Madame Helyot. *Paris*, 1683. *in*-8.

2142 S. Francifci, totius Evangelicæ perfectionis exemplar, admiranda vitæ hiftoria. *Antuerpiæ*, 1646. Compendium vitæ Antonii à Padua. *Antuerpiæ*, 1647. 1 *vol. in*-12. *fig.*

2143 Vie de Madame J. M. B. de la Mothe Guyon. *Cologne*, 1720. 3 *vol. in*-8.

2144 La Vie de Marguerite-Marie à la Coque, Religieufe de la Vifition, par Languet. *Paris*, 1729. *in*-4.

2145 Idée de la Vie & de l'Esprit de M. Le Nain de Tillemont. *Nancy*, 1706. *in-12.*

2146 Vie de Nicole, & l'histoire de ses Ouvrages. *Luxembourg*, 1732. *in-12.*

2147 La Vie d'Edmond Richer, Docteur de Sorbonne, par Adrien Baillet, 1734. *in-12.*

2148 La Vie de M. Paris, 1731.

Apologie de Cartouche, ou le Scélérat sans reproche, par la grace du P. Quesnel, 1732. *in-12.*

2149 Vie de Sebastien Sicler, Hermite de l'Arbroye. *Lyon*, 1698. *in-12.*

2150 Histoire de Tertulien & d'Origenes, par la Motte. *Paris*, 1675. *in-12.*

2151 Dissertation sur la sainte Larme de Vendôme, par J. B. Thiers, avec la Réponse à la Lettre du P. Mabillon, 1731. *in-12.*

2152 Dissertation sur les Temples, leur Dédicace. *Geneve*, 1716. *in-12.*

2153 Dissertation sur les Eglises, par Thiers. *Paris*, 1698. *in-12.*

2154 Les Cimetieres sacrés de Henry Sponde. *Rouen*, 1606. *in-12.*

HISTOIRE DES HÉRESIES, DES SCHISMES, ET DE L'INQUISITION.

2155 Dictionnaire Chronologique, historique, critique sur l'origine de l'idolâtrie, par le R. P. Pinchinat. *Paris*, 1736. 1 *vol. in-4.*

2156 Histoire des Révolutions arrivées en Europe en matiere de Religion, par Varillas. *Par* 1686. 4 *v. in-12.*

2157 Variations de l'Eglise Gallicane, Réponse à l'histoire des Variations de Bossuet. *Utr.* 1724. *in-12.*

2158 Lettres touchant l'état présent d'Italie, la premiere sur Molinos & le Quiétisme : la deuxieme, l'Inquisition & l'état de la Religion : la troisieme, la politique & les intérêts de quelques Etats d'Italie. *Cologne*, 1688. *in-12.*

2159 Relation de l'origine des progrès & de la con-

damnation du Quiétisme, 1732. 2 tom. 1 volum.
in-12.

2160 Essai sur l'Histoire générale des Protestans, distinguée par Nations, par G. Boulle. *Par.* 1646. *in*-8.

2161 Discours en forme de Dialogue, ou Histoire tragique des troubles, partialités & différends qui durent aujourd'hui, meuz par Luther, Calvin & leurs adhérans contre l'Eglise Catholique, trad. du latin de Guill. Lindan, par R. Benoist. *Paris*, 1570. *in*-8. *maroq.*

2162 Les trois Livres du Docteur Nicolas Sanders, du Schisme d'Angleterre, augmenté par Edouart Rishton, 1587. *in*-12.

2163 Schisme d'Angleterre de Sanderus, traduit par Maucroix. *Paris*, 1676. *in*-12.

2164 Histoire de la Réformation d'Angleterre, trad. de l'Anglois de Burnet, par de Rosemont. *Londres*, 1683. 2 *vol. in*-4.

2165 Histoire de la Réformation de l'Eglise d'Angleterre, par Burnet. *Geneve*, 1693. 4 *vol. in*-12.

2166 Histoire véritable du Calvinisme, ou Mémoires touchant la réformation opposés à l'histoire du Calvinisme de Maimbourg. *Amsterd.* 1683. *in*-12.

2167 Histoire du Calvinisme & du Papisme, mis en paralelle, ou Apologie pour les Réformateurs, la réformation & les réformés. *Rotterd.* 1683. 6 *vol. in*-12.

2168 Critique générale de l'Histoire du Calvinisme de Maimbourg. *Hollande*, 1684. 4 *vol. in*-12.

2169 Histoire de l'Inquisition & de son origine, par Marsollier. *Cologne*, 1693. *in*-12.

2170 Histoire des Martyrs de la R. P. R. exécutés & mis à mort depuis le temps des Apôtres, jusqu'en 1597. *in-fol.*

2171 Mémoires Historiques, pour servir à l'histoire des Inquisitions, par Dupin. *Cologne*, 1716. 2 *vol. in*-12. *fig.*

2172 Manuel des Inquisiteurs, &c. Abrégé & traduct. du *Directorium inquisitorium* de Nicolas Eymeric, 1761. *in*-12. *br.*

2173 Difcours des pratiques ufitées en l'Inquifition d'Efpagne, *in*-12.

2174 Aventures de Jofeph Pignata échappé des pri-
fons de l'Inquifition de Rome. *Cologne*, 1725. *in* 12.

2175 Mémoires de Gaudence de Lucques prifonnier
du S. Office, 1746. 2 *vol. in*-12.

2176 Procédures curieufes de l'inquifition de Portugal,
contre les Francs Maçons. *Hollande*, *in*-8.

2177 Mémoires d'un Proteftant condamné aux gale-
res, & particularités du temps. *Amft.* 1757. *in*-8.

HISTOIRE PROFANE.

HISTOIRE DES JUIFS.

2178 Hiftoire du Peuple de Dieu, jufqu'à la naiffance
du Meffie, tirée des feuls Livres faints, & réduit en
corps d'hiftoire, par le R. P. Berruyer. *Par.* 1738
& 1757. 18 *vol. in*-12.

2179 Abrégé de l'Hiftoire des Juifs, par Jofeph.
Lyon, 1719. *in*-12.

2180 Hiftoire des Juifs, par Flavius Jofeph fous le
titre de Antiquités Judaïques, traduit fur l'original
Grec, par Arnauld d'Andilly. *Paris*, 1717. 5 *vol.*
in-12.

2181 La même. *Amfterd.* 1700. *in-fol. fig. maroq.*

2182 La même. *Bruxelles*, 1701. 5 *vol. in*-8. *fig.*

2183 Hiftoire des Juifs & des peuples voifins, depuis
la décadence des Rois d'Ifraël & de Juda jufqu'à
la mort de J. C. par Prideaux. *Amfterdam*, 1728.
6 *vol. in*-12. *fig.*

2184 Hiftoire du monde facrée & profane, pour fer-
vir de fuite à l'Hiftoire des Juifs de Prideaux, par
Samuel Shuckford, traduit de l'Anglois, par J. P.
Bernard. *Leyde*, 1738. 3 *vol. in*-12. *avec des cartes.*

2185 Hiftoire des Juifs, depuis J. C. jufqu'à préfent,
par Bafnage. *Rotterdam*, 1707. 5 *vol. in*-12.

2186 Republique des Hébreux & Antiquités Judaïques,
par Bafnage. *Amfterdam*, 1705. *& fuiv.* 5 *vol. in*-8.
figures.

S

2187 La Monarchie des Hébreux, par le Marquis de Saint-Philippe, traduit de l'Espagnol. *La Haye*, 1727. 4 *vol. in*-12.

HISTOIRE GRECQUE ET ROMAINE.

2187 * Athenes ancienne & nouvelle, par de la Guilletierre. *Paris*, 1675. *in*-12.

2188 Lacédémone ancienne & nouvelle, & particularités du séjour de Mahomet en Tessalie, par de la Guilletiere. *Paris*, 1676. 2 *vol. in*-12.

2189 Voyage de Grece de Pausanias, trad. par Gedoyn. *Paris*, 1731. 2 *vol. in*-4. *fig.*

2190 Histoire de Grece, traduite de l'Anglois de Temple Stanian. *Paris*, 1743. 3 *vol. in*-12.

2191 Histoire d'Herodote, trad. par Du Ryer. *Paris*, 1677. 3 *vol. in*-12.

2192 Histoire de Philippe, Roi de Macédoine & pere d'Alexandre le Grand, par Olivier. *Paris*, 1740. 2 *vol. in*-12.

2193 Cyropedie ou Histoire de Cyrus, trad. de Xenophon, par Charpentier. *La Haye*, 1732. 2 *tom.* 1 *vol. in*-12

2194 Histoire des sept Sages, par Larrey. *Rotterdam*, 1714. 2 *vol. in*-12.

2195 Histoire Romaine de Coeffeteau. *Rouen*, 1670. 3 *vol. in*-12.

2196 Histoire Romaine, par demandes & réponses. *Paris*, 1716. 2 *vol. in*-12.

2197 Histoire Romaine, depuis la Translation de l'Empire, &c. par Echard. *Paris*, 1736. 16 *vol. in*-12.

2198 Tacite, avec des notes politiques & historiques de Amelot de la Houssaye. *Amsterdam*, 1731. 6 *vol. in*-12.

2199 Discours politiques sur Tite-Live, par Machiavel. *Amsterdam*, 1711. 2 *vol. in*-12.

2200 Discours historiques, critiques & politiques sur Tacite, trad. de l'Anglois de Gordon. (par de Silhouette.) *Amsterdam*, 1742. 2 *vol. in*-12.

2201 Commentaires de Céſar, nouvelle trad. avec le Texte à côté. *Paris, Barbou,* 1755. 2 *vol. in-*12.

2202 Hiſtoire des Révolutions Romaines, par de Vertot. *Paris,* 1727. 3 *vol. in-*12.

2203 Hiſtoire d'Auguſte. *Rotterdam,* 1699. 1 *vol. in-*12.

2204 Hiſtoire des deux Triumvirats, par Larrey. *Amſterdam,* 1720. *in-*12.

2205 Hiſtoire de Catilina, tirée des Hiſtoriens de l'Antiquité, par Seran de la Tour. *Amſterdam,* 1749. *in-*12.

2206 Hiſtoire des Empereurs Romains, par Crevier. *Paris,* 1750. 12 *vol. in-*12.

2207 Hiſtoire Secrete de Procope de Céſarée. *Paris,* 1669. *in-*12.

2208 Hiſtoire des Empereurs & autres Princes qui ont regné pendant les ſix premiers ſiecles de l'Egliſe, par Tillemont. *Paris,* 1720. *& ſuiv.* 6 *vol. in-*4.

2209 Les Céſars de l'Empereur Julien, trad. du Grec par Spanheim. *Amſterd.* 1728. *in-*4. *fig. de B. Picart.*

2210 Hiſtoire de Theodoſe le Grand, par Flechier. *Paris,* 1731. *in-*12.

2211 Hiſtoire de Conſtantin le Grand, par le Pere Bernard de Varenne. *Paris,* 1728. *in-*4.

2212 Explication des Coutumes & Cérémonies des Romains, trad. du latin de Nieupoort. *Par.* 1741. *in-*12.

2213 Diſſertation ſur la différence des deux anciennes Religions, la Grecque & la Romaine, par Coyer. *Paris,* 1755. *in-*12.

2213 * Antiquités Romaines de Denys d'Halicarnaſſe, trad. par Bellanger. *Paris,* 1723. 2 *vol. in-*4.

2214 Mœurs & uſages des Romains. *Paris,* 1744. 2 *vol. in-*12.

2215 Conſidération ſur les cauſes de la grandeur des Romains & leur décadence, avec un Dialogue de Sylla & d'Eucrate. *Paris,* 1748. *in-*12.

2216 Guerini Piſonis de Romanorum & Venetorum Magiſtratum inter ſe comparatione. *Lipſiæ,* 1614. *in-*8.

2217 Hiſtoire du Bas-Empire, par M. le Beau. *Par.* 1757. 12 *vol. in-*12.

HISTOIRE D'ITALIE.

2217 * Les Délices d'Italie, contenant une deſcription des Villes & monumens qui ſe trouvent dans çe pays. *Amſterdam*, 1743. 4 *vol. in*-12.

2218 Hiſtoire des Guerres d'Italie, de Guichardin. *Londres*, 1738. 3 *vol. in-*4.

2219 Mémoire pour l'hiſtoire Eccléſiaſtique des Diocèſes de Geneve, Tarantaiſe, Aoſtes, Maurienne & Decanat de Savoie. *Nancy*, 1739. *in*-4.

2220 Méthode pour apprendre l'Hiſtoire de Savoie. *Paris*, 1697. *in* 12.

2221 Vie des Duc de Marlborough & du Prince Eugenes de Savoie, trad. de l'Anglois. *Amſterdam*, 1714. *in*-12.

2222 Vie du Prince Eugenes de Savoie. *Amſterdam*, 1714. *in* 12.

2223 Teſtament politique de Charles de Lorraine. *Leipſick*, 1696. *in*-12.

2224 Hiſtoire du Gouvernement de Veniſe, & Examen de ſa liberté, par Amelot de la Houſſaye. *Hollande*, 1677. *in*-12.

2225 Hiſtoire du Gouvernement de Veniſe, par Amelot de la Houſſaye. *Lyon*, 3 *vol. in*-8. *fig.*

2226 Hiſtoire de Florence, par Nic. Machiavel. *Amſt.* 1694. 2 *vol. in*-12.

2227 Domaine temporel du Siege Apoſtolique ſur Commacchio, 1712.
  Droits de l'Empire ſur l'état Eccléſiaſtique, 1713. 2 *vol. in*-4.

2228 Mémoires, concernant le Duché de Parme, 1 *vol. in*-4.

2229 Défenſe de la Monarchie de Sicile, contre les entrepriſes de la Cour de Rome. *Amſterdam*, 1716. *in*-12.

2230 Mémoires du Card. Bentivoglio, trad. par de Vayrac. *Paris*, 1713. 2 *vol. in*-12.

2231 Histoire des Révolutions arrivées dans l'Empire Romain, depuis Constantin le Grand jusqu'à la Paix de Munster. *Londres*, 1742. 2 *vol. in-12.*

2232 Conjuration de Nicolas Gabrini dit de Rienzi, par Ducerceau. *Paris*, 1733. *in-12.*

2233 Rome ancienne & moderne, avec ses magnificences & délices, par de Seine. *Leyde*, 1713. 10 *vol. in-12.*

2234 Merveilles de la Ville de Rome. *Rome*, 1682. *in-8. fig.*

2235 Monumens de Rome, ou Description des plus beaux Ouvrages de Peinture, de Sculpture & d'Architecture, qui se voyent à Rome, & aux environs, par Raguenet. *Paris*, 1702. *in-12.*

2236 Mémoires pour l'Histoire Civile, politique & naturelle de Corse, par Jauffin. *Geneve*, 1765. 2 *vol. in-12.*

2237 Histoire de Pierre d'Aubusson, par L. R. P. Bouhours. *La Haye*, 1739. *in-12.*

2238 Histoire des Chevaliers de Rhodes, dits de Malthe, par Vertot. *Paris*, 1762. 7 *vol. in-12.*

HISTOIRE DE FRANCE.

GÉOGRAPHIE ET TOPOGRAPHIE DE LA FRANCE.

2239 Atlas de la France, par Blaeu. 2 *vol. in-fol.* gr. pap.

2240 Le Gentilhomme étranger voyageant en France, description de ce Royaume, par le Baron G. D. N. *Leyde*, 1699. *in-8.*

2241 Dictionnaire Géographique de la France. *Paris*, 1765. 4 *vol. in-8.*

2242 Les Rivieres de France, par Coulon. *Par.* 1644. 2 *vol. in-8.*

2243 Antiquités & Recherches des Villes & Châteaux & places les plus remarquables de la France, par Duchesne. *Paris*, 1631. *in-8.*

2244 Nouvelle description de la France, du Gouvernement de ce Royaume, la Description des Villes,

Maisons Royales, Châteaux, &c. par Piganiol de la Force. *Paris*, 1717. 6 *vol. in-12. fig.*

2245 Description de la France, par le même. *Paris*, 1767. 15 *vol. in-12.*

2246 Abrégé de l'Histoire de Bretagne, par d'Argentré. *Paris*, 1695. *in-12.*

2247 Histoire Critique de l'établissement des Bretons dans les Gaules, par l'Abbé de Vertot. *Par.* 1720. 2 *vol. in-12.*

2248 Antiquités & choses plus remarquables de Paris, recueillies, par P. Bonfons, & données par du Breul. *Paris*, *in-8.*

2249 Description de Paris, par Germain Brice. *Paris*, 1713. 3 *vol. in-12. fig.*

2250 Curiosités de Paris, Versailles, Marly, Vincennes, S. Cloud, &c. *Paris*, 1716. *in-12. fig.*

2251 Histoire de la Ville de Paris, par Desfontaines. *Paris*, 1735. 5 *vol. in-12.*

2252 Projet d'une histoire de la Ville de Paris, sur un nouveau plan. 1739. *in-12.*

2253 Description de Paris, par Piganiol de la Force. *Paris*, 1767. 10 *vol. in-12.*

2254 Séjour de Paris, ou Instructions fideles pour les Voyageurs. *Leyde*, 1727. 2 *vol. in-12.*

2255 Voyage Pittoresque de Paris. *Paris*, 1752. *in-12.*

2256 Dissertations sur l'Histoire Ecclésiastique & Civile de Paris & plusieurs éclaircissemens sur l'histoire de France, par le Beuf. *Paris*, 1739. 3 *vol. in-12.*

2257 Description des Curiosités des Eglises de Paris & de ses environs, par Lefevre. *Paris*, 1759. *in-12. broché.*

2258 Description de Paris, Versailles, Marly & autres Maisons Royales, par Piganiol. *Paris*, 1742. 8 *vol. in-12.*

2259 Description sommaire du Château de Versailles. *Paris*, 1674. *in-12.*

2260 Le Labyrinthe de Versailles. *Amsterdam*, *in-4. figures.*

2261 Histoire de l'auguste & vénérable Eglise de

Chartres , dédiée par les anciens Druides à une
Vierge qui devoit enfanter , par Sablon. *Chartres* ,
1682. *in-12.*

HISTOIRE GÉNÉRALE DE LA FRANCE.

2262 Méthode facile pour apprendre l'Histoire de
France , par D… *Paris* , 1709. *in-12.*

2263 Abrégé Méthodique de l'Histoire de France ,
par de Brianville. *Paris* , 1726. *in-12.*

2264 Plan de l'Histoire de France, par l'Abbé Lenglet Dufresnoy. *Paris* , 1753. 3 *vol. in-12.*

2265 Histoire de France, par Jean de Serres. *Par.* 1614.
8 *vol. in-12.*

2266 Abrégé de l'Histoire de France , avec l'avant
Clovis, par Mezeray. *Amst.* 1673. 7 *vol. in-12.*

2267 Le même. *Amsterd.* 1700. 7 *vol. in-12.*

2268 Histoire de Louis XIII & de Louis XIV, pour
servir de suite à Mezeray , par Limiers. *Amsterdam*,
1735. 3 *vol. in-12.*

2269 Histoire de Mezeray , avec celle de Louis XIII
& de Louis XIV, de Limiers. *Amsterdam* , *Paris* ,
1755. 14 *vol. in-12.*

2270 Histoire de France , depuis l'établissement de la
Monarchie , par Daniel. *Paris* , 1722. 7 *vol. in-4.*

2271 Histoire de France , depuis le commencement de
la Monarchie , par Velly, Villaret & Garnier. *Paris*,
1751. 20 *vol. in-12. les derniers, brochés.*

2272 Abrégé Chronologique de l'Histoire de France ,
par le Président Henault. *Paris* , 1749. 1 *vol. in-4.*

2273 Le même. *Paris* , 1761. 2 *vol. in-8*

2274 Le même. *Paris* , 1768. 2 *vol. in-4. gr. pap. fig.*

2275 Histoires des Guerres Civiles de France , traduit
de l'Italien de Davila , par Baudoin. *Paris* , 1666.
3 *vol. in-12.*

2276 Les mêmes, nouvelle traduction. *Paris* , 1754.
3 *vol. in-4.*

2277 Mœurs & Coutumes des François , dans les
différens temps de la Monarchie , par le Gendre.
Paris , 1740. *in-12.*

2278 Lettres sur l'Histoire de France. 2 *vol. in-fol.* manuscrit.

HISTOIRE PARTICULIERE DE CHAQUE REGNE.

2279 Démêlés de Boniface VIII & de Philippe-le-Bel, par Ad. Baillet. *Paris*, 1655. *in-fol.*

2280 Le même abrégé. *Paris*, 1718. *in-12.*

2281 Mémoires Secrets de la Cour de Charles VII, par Mademoiselle de Lussan. *Par.* 1734. 2 *v. in-12.*

2282 Histoire de Jeanne d'Arc, Vierge, héroïne & matyre d'Etat, par l'Abbé Lenglet. *Paris*, 1753. 3 *vol. in-12. br.*

2283 Histoire de François I, par M. Gaillard. *Paris*, 1765. *& suiv.* 7 *vol. in-12.*

2284 Recueil des choses mémorables advenues en France, sous Henri II, Charles IX, François II, Henri III & Henri IV. 1603. *in-8.*

2285 François II, en cinq Actes, par le Président Henault. *Paris*, 1747. *in-8.*

2286 Histoire de Louis XI, Roi de France, ou la Chronique Scandaleuse, 1611. *in-12.*

2287 Histoire de Louis XI, par Varillas. *Par.* 1689. 4 *vol. in-12.*

2288 Histoire de Louis XI, par Duclos. *Par.* 1745. 4 *vol. in-12.*

2289 Cabinet de Louis XI, ou Fragmens, Lettres, Intrigues, & autres pieces de ce Regne. *Par.* 1661. *in-12.*

2290 Le Journal de Henri III, ou Recueil de Pieces pour servir à l'histoire de ce Règne, 1621. *in-8.*

2291 Le même *Cologne*, 1699. 2 *vol. in-8.*

2292 Le même. *Cologne*, 1720. 4 *vol. in-8.*

2293 Description de l'Isle des Hermaphrodites, pour suite au Journal de Henri III, par l'Etoille. *Colog.* 1713. *in-8.*

2294 Remontrances à Henri III, sur les miseres, désordres de ce Royaume, & moyens d'y pourvoir, 1588. *in-8.*

2295 Histoire de F. J. Clément, 1589. *in-8.*

2296 Le Réveil-matin des François & de leurs voisins, par Eusebe Philalethe. *Edimbourg*, 1574. *in-8*.

2297 Histoire de Henri le Grand, par Hardouin de Perefixe. *Paris*, 1662. *in-12*.

2298 Journal du Regne de Henri IV, Roi de France & de Navarre, par Pierre de l'Etoille. *La Haye*, 1741. 4 *vol. in-12*.

2299 Histoire de Henri IV, par de Bury. *Par.* 1767. 4 *vol. in-12*.

2300 Apologie Catholique contre les libelles, déclarations, advis des ligués perturbateurs du Royaume de France, par C. D. L. J. C. 1586. *in-12*.

2301 De l'autorité du Roi & crimes de leze Majesté, par ligue, désignations de successeurs, libelles, &c. par Pierre de Belloi. 1587. *in-8*.

2302 Dialogues entre le Maheustre & le Manant, 1594. *in-12*.

2303 Philippiques contre les Bulles & Pratiques de la Faction d'Espagne, contre Hénri IV. *Tours*, 1592. *in-12*.

2304 Le Banquet & après dînée du Comte d'Arete où il se traite du Roi de Navarre & des mœurs de ses partisans, &c. par d'Orléans, 1594. *in-8*.

2305 Maximes du Viel de la Montagne Vaticane & de ses assassins, contre Henri le Grand, 1614.

Le Passe-partout des Jésuites apporté d'Italie, 1607.

Theophili Eugeni, protocatastasis, ceu prima Societatis J. Institutio restauranda, 1614. *in-12*.

2306

2307

2308 La Chemise sanglante de Henri le Grand, déclaration de Dlle. Descomans, &c. 1615.

Complainte du Gibet de Montfaucon, sur la mort du Marquis d'Ancre & autres pieces, *in-12*.

2309 Satyre Menippée, vertus du Catholicon d'Espagne, & tenue des Etats de Paris, 1599. *in-12*.

2310 La même. 1604. *in-12.*

2311 La même. *Ratisbonne*, 1664. *in-12.*

2312 La même, 1696. *in-12.*

2313 La même. *Hollande*, 1711. 3 *vol. in-8. fig.*

2314 Mémoires de la Ligue, par Simon Goulard, avec des notes, données par l'Abbé Goujet. *Paris*, 6 *vol. in-4.*

2315 L'Esprit de la Ligue, ou Histoire politique des troubles de France pendant les XVI & XVII siecle, par M. Anquetil. *Paris*, 1767. 3 *vol. in-12.*

2316 Histoire de la Mere & du Fils, (Marie de Médicis & Louis XIII.) par Mezeray. *Amsterd.* 1731. 2 *vol. in-12.*

2317 Histoire du regne de Louis XIII, Roi de France & de Navarre, par Michel le Vassor. *Amst.* 1700. 20 *vol. in-12. fig.*

2318 Recueil de Pieces les plus curieuses qui ont été faites pendant le regne du Conétable de Luynes, 1628. *in-8.*

2319 Journal du Siege de la Rochelle. *Rouen*, 1671. *in-12.*

2320 Histoire de Louis XIV, par Reboullet. *Avign.* 3 *vol. in-4.*

2321 Histoire de Louis XIV, par Limiers *Amsterdam*, 1720. 3 *vol. in-4.*

2322 Histoire de Louis XIV, par Larrey. *Rotterdam*, 1738. 9 *vol. in-12.*

2323 Histoire de Louis XIV, par Bruzen de la Martiniere. *La Haye*, 1740. 5 *vol. in-4. fig.*

2324 Le siecle de Louis XIV, de Voltaire, publié par de Francheville, 1752. 2 *vol. in-12.*

2325 Le même, par de la Beaumelle. *Ffort*, 1753. 3 *vol. in-12.*

2326 Siecle politique de Louis XIV, & les querelles de Voltaire, avec MM. de Maupertuis & la Beaumelle, 1754. 2 *vol. in-12. br.*

2327 Réponse au Supplémenr du siecle de Louis XIV, 1754. *in-12. br.*

2328 L'entrée triomphante de leurs Majestés Louis XIV, Roi de France & Marie-Therese d'Autriche son épouse, enrichie de figures. *Paris*, 1662. *in-fol.*

2329 Paralelle de Louis le Grand, avec les Princes qui ont été furnommés Grands. *Paris*, 1685. *in-12.*

2330 Annales de la Cour, & de Paris, années 1697-1698. *Amfterdam*, 1703. 2 *vol. in-12.*

2331 Hiftoire du Pere de la Chaife. *Cologne*, 1719. 5 *vol. in-12.*

2332 Aventures fecretes des Rois de France, par Sauval. *Hollande*, 1738. 2 *vol. in-12. fig.*

2333 Mémoires de la Regence de Mong. le Duc d'Orléans, fous la minorité de Louis XV. *La Haye*, 1729. 3 *vol. in-12. fig.*

2334 Hiftoire du Syftême des Finances pendant les années 1719 & 1720, avec la vie de Jean Law. *La Haye*, 1739. 6 *tom.* 3 *vol. in-12.*

2335 Relation de la Cérémonie du facre & couronnement du Roi, fait en l'Eglife métropolitaine de Rheims, le Dimanche 25 Octobre 1722, & autres Pieces fugitives, 2 *vol. in-12. manufcrit.*

2336 Recueil des portraits des Rois de France, depuis Pharamont jufqu'à Louis XV deffinées d'après les médailles, par Boizot, Peintre ordinaire du Roi, & gravés par les foins de Michel Odieuvre. *Par.* 1738. 1 *vol. in-4.*

2337 Anecdotes des Reynes & Regentes de France, par Dreux du Radier. *Amfterd.* 1764. 8 *part.* 4 *vol. in-12.*

MÉMOIRES PARTICULIERS POUR SERVIR A L'HISTOIRE DE FRANCE, PAR ORDRE ALPHABÉTIQUE.

2338 Mémoires de Robert-Arnauld d'Andilly. *Hamb.* 1734. *in-12.*

2339 Ambaffades du Maréchal de Baffompierre en Efpagne en 1621. *in-12.*

2340 Teftament politique du Maréchal Duc de Belle-Ifle. *Amfterd.* 1761. *in-12. br.*

2341 Mémoires du Maréchal de Berwick. *Lond.* 1738. 2 *tom.* 1 *vol. in-12.*

2342 Mémoires de M. de B. Secrétaire de M. L C. D. R. (De Bouy. Secrétaire du Cardinal de Richelieu) *Amfterdam*, 1711. 2 *tom.* 1 *vol. in-12.*

2343 Mémoires de Pierre Bourdeille de Brantome. *Leyde*, 1699. & *suiv.* 15 *vol. in-12.*

2344 Histoire du Maréchal de Boucicault. *Par.* 1697. *in-12.*

2345 Mélanges historiques, ou Recueil d'Actes, Traités, Lettres missives & Mémoires servant à l'histoire, depuis 1390 jusqu'en 1580, par Nic. Camusat. *Troies*, 1619. *in-8.*

2346 Testament politique de Colbert. *La Haye*, 1694. *in-12.*

2347 Mémoires de Philippe de Commines, sous Louis XI & Charles VIII, donnés par Den. Godefroy, avec le Supplément. *Bruxelles*, 1714. 5 *v. in-8.*

2348 Histoire de Louis de Bourbon, Prince de Condé. *Cologne*, 1693. 2 *vol. in-12.*

2349 Mémoires pour servir à l'histoire de Louis XIV, par Choisy. *Utrecht*, 1727. *in-12.*

2350 Relation de l'amour du Prince de Maroc & de la P. de C. *Colog.* 1700. *in-12.*

2351 Mémoires de Dartagnan. *Amsterdam*, *Rouen*, 1704. 3 *vol. in-12.*

2352 Mémoire de Du Bellay. *Paris*, 1753. 7 *vol. in-12.*

2353 Mémoires de la Vie de Theodore-Agrippa d'Aubigné, les Mémoires de Fréderic Maurice de la Tour, & l'histoire de Madame de Mucy. *Amst.* 1731. 2 *tom.* 1 *vol. in-12.*

2354 Mémoires de Dugué Trouin. *Amsterdam*, 1730. *in-12.*

2355 Les mêmes. *Paris*, 1740. *in-4. fig.*

2356 L'Heritiere de Guyenne, ou l'Histoire d'Eléonor, femme de Louis VII, Roi de France. *Rotterdam*, 1692. *in-12.*

2357 Lettres du Cardinal d'Offat, avec des notes d'Amelot de la Houssaye, 5 *vol. in-12.*

2358 Vie du Frere Fiacre, contenant plusieurs traits d'histoire & faits remarquables des Regnes de Louis XIII & de Louis XIV. *Par.* 1722. *in-12.*

2359 Aventures du Baron de Fæneste, par Theodore-Agrippa d'Aubigné. *Audezert*, 1630. *in-8.*

2360 Les mêmes augmentés. *Cologne*, 1729. 2 vol. *in-12.*

2361 Mémoires de Jean-Baptiste de la Fontaine. *Colog.* 1699. *in-12.*

2362 Mémoires de Forbin. *Amst.* 1730. 2 vol. *in-12.*

2363 Mémoires de la Cour de France, par Madame de la Fayette. *Amst.* 1731. *in-12.*

2364 Mémoires de Henry Duc de Guise. *Amst.* 1703. *in-12.*

2365 Mémoires de M. L***. (Lénet) 1729. 2 vol. *in-12.*

2366 Mémoires pour servir à l'Histoire de France, depuis 1515 jusqu'en 1611, par Pierre l'Etoille. *Cologne*, 1719. 2 vol. *in-8. fig.*

2367 Vie de la Duchesse de Longueville, par Villefore, 1738. *in-12.*

2368 Essai pour servir à l'histoire de Le Tellier Marquis de Louvois. *Amst.* 1740. *in-12.*

2369 Luxembourg apparu à Louis XIV, sur le rapport du P. la Chaise. *Cologne*, 1718.
Le Courier de Pluton, 1718.
L'Esprit de Marillac à l'esprit de Richelieu, *in-12.*

2370 Mémoires de Marguerite de Valois. *Liege*, 1713. *in-12.*

2371 Histoire du ministere du Cardinal Mazarin. *Par.* 1672. 2 vol. *in-12.*

2372 Mémoires, concernant ce qui s'est passé sous les Cardinaux Richelieu & Mazarin. *Cologne*, 1688. *in-12.*

2373 Mémoire du Duc de Montausier. *Rotterd.* 1731. 2 vol. *in-12.*

2374 Mémoires de Montchal. *Rotterdam*, 1718. 2 vol. *in-12.*

2375 Mémoires de l'Abbé de Montgon, ses négociations en France, en Espagne & en Portugal. 1750. 9 vol. *in-12.*

2376 Mémoires de Mademoiselle de Montpensier, fille de Gaston d'Orléans, frere de Louis XIII. *Amst.* 1730. 6 tom. 3 vol. *in-12.*

2377 Mémoires de Montrésor, & pieces durant le

ministere du Cardinal de Richelieu. *Cologne*, 1663.
*in-*12.

2378 Histoire de M. de Mucy. *Amst.* 1731. *in-*12.

2379 Mémoires de M. L. D. D. N. du Duc de Nevers. *Col.* 1709. *in-*12.

2380 Mémoires de Charles Perrault , Anecdotes du ministere de Colbert. 1759. *in-*12.

~~2381 Les Aventures de Pomponius. Rome~~, 1724. *in-*12.

2382 Mémoires concernant les affaires de France , sous la régence de Marie de Médicis , avec un Journal de conférences de Loudun. *La Haye* , 1720. 2 *vol.* *in-*12.

2383 Les mêmes , sous le titre de Mémoires de Pontchartrain. *La Haye* , 1719. 2 *vol. in-*12.

2384 Journal du Cardinal de Richelieu , des années 1630 & 1631. *Amst.* 1664. *in-*12.

2385 Anecdotes du ministere du Cardinal de Richelieu , trad. de Vittorio Siry , par de Valdory. *Amst.* 1717. 2 *vol. in-*12.

2386 Histoire du ministere du Cardinal de Richelieu. *Paris* , 1665. 2 *vol. in-*12.

2387 Jugement sur diverses pieces que le Cardinal de Richelieu prétend faire servir à l'Histoire de son crédit. *in-*8.

2388 Lettres du Cardinal de Richelieu. *Paris* , 1696. 2 *vol. in-*12.

2389 Parallele du Cardinal de Richelieu & Mazarin , par Richard. *Paris* , 1716. *in-*12.

2390 Histoire des Diables de Loudun , de la possession des Urselines , de la condamnation & supplice de Grandier. *Amst. in-*12.

2391 Examens & Critiques de l'Histoire des Diables de Loudun , par de la Menardaye. *Liege*, 1749. *in-*12.

2392 Le véritable Pere Joseph Capucin , ou Histoire Anecdote du Cardinal de Richelieu , *St. Jean de Maurienne* , 2 *vol. in-*12.

2393 Mémoires du P. Timothée de la Fleche , Capucin , depuis Evêque de Berite , contenant plusieurs Anecdotes Historiques , &c. *in-*12. *petit format , broché.*

2394 Mémoires de Ravannes , Page du Duc d'Orléans Régent , & Mousquétaire. *Amst.* 1752. 3 *tom.*
1 *vol. in-12.*

2395 Mémoires de la minorité de Louis XIV , par de
la Rochefoucault. *Villefranche , Hollande ,* 1688.
in-12.

2396 Les mêmes. *Amst.* 1723. 2 *vol. in-12.*

2397 Vie du Vicomte de Turenne , par du Buisson. *La
Haye ,* 1695. *in-12.*

MELANGES DE L'HISTOIRE DE FRANCE.

2398 La Religion des Gaulois, tirée des sources de
l'antiquité , par Dom Jacques Martin. *Paris ,* 1727 ,
2 *vol. in-4. fig.*

2399 Origine , progrès, excellence du Royaume & Monarchie Françoise , par du Moulin. *Paris ,* 1561.
in-8.

2400 Origine de la Royauté & de la grandeur Royale. *Paris ,* 1684. 1 *vol. in-12. fig.*

2401 Histoire de l'ancien Gouvernement de France ,
avec quatorze Lettres sur les Parlemens .ou Etats
généraux , par le Comte de Boullainvilliers.
    Mémoires présentés au Duc d'Orléans , par le
même. *La Haye ,* 1723. 4 *vol. in-8.*

2402 Détail de la France , par de la Jonchere. 1707.
in-12.

2403 Parallele des Romains & des François , par rapport au Gouvernement , par Mably. *Paris ,* 1740.
2 *vol. in-12.*

2404 Grandeur de nos Rois & de leur souveraine
puissance. *Paris ,* 1615. *in-12.*

2405 Traité Historique de la souveraineté du Roi ,
depuis le commencement de la Monarchie. *Paris ,*
1765. 2 *vol. in-4.*

2406 Histoire de la Pairie & du Parlement de France , par Boullainvilliers. *Lond.* 1740. *in-12.*

2407 Histoire des Connétables , Chanceliers & Gar-
des des Seaux , Maréchaux Amiraux de France , par
Denis Godefroy. *Paris , Imp. Roy.* 1658. 1 *vol. in-
folio. figures.*

2408 Hiftoire des Miniftres d'Etat , fous les Rois de la troifieme race , par Auteuil. *Paris* , 1669. 2 tom. 1 *vol. in-*12.

2409 Mémoires Hiftoriques & Critiques , fur divers points de l'Hiftoire de France , par Mezeray. *Amft.* 1732. *in-*8.

2410 Les heures Françoifes , les Vêpres de Sicile & les Matines de la Saint Barthelemy. *Amfterd.* 1690.

Les Vifionnaires , Comed. *Paris* , 1638.

Curiofités confidérables du Magazin du Sieur Copponay (ouvrage Critique).

Le Jargon ou Langage de Largot , comme il eft à préfent en ufage parmi les bons pauvres.

Catalogue de Livres d'Eftampes & de Figures en taille douce , de l'Abbé de Marolles. *Paris* , 1672. *fig.* 1 *vol. in-*12.

2411 Curiofités Hiftoriques , ou Recueil de pieces fervant à l'Hiftoire. *Amft.* 1759. 2 *vol. in-*12.

2412 De l'état des Sciences en France , depuis Charlemagne jufqu'à la mort du Roi Robert, par Goujet. *Paris* , 1737. *in-*12.

2413 Recherches & confidérations fur les Finances de France , depuis 1595 jufqu'en 1721. *Liege* , 1758. 6 *vol. in-*12.

2414 Hiftoire des Favoris , par Dupuis. *Leyde* , 1659 , *in-*4.

2415 Bouclier d'Etat & de Juftice , contre les deffeins de la Monarchie univerfelle , fous le prétexte des prétentions de la Reine de France. 1667. *in-*12.

2416 La Medufe , ou défenfe pour la France , contre un Libelle intitulé le Bouclier d'Etat. *Lifb: in-*12.

2417 Droits de la Reine , fur divers Etats d'Efpagne. *Holl.* 1677. *in-*12.

2418 Mémoires des Commiffaires du Roi & de ceux de Sa Majefté Britannique , fur les poffeffions & les droits refpectifs des deux Couronnes en Amérique , avec le précis des faits. *Paris* , 1756. 7 *vol. in-*12. *broché.*

2419 Le Palais de la Gloire , contenant les généalogies hiftoriques des Illuftres Maifons de France , &c. *Paris* , 1664. 1 *vol. in-*4.

2420 Armorial général de la France, par d'Hozier.
Paris, 1738. 2 vol. in-fol.

2421 Bibliotheque hiftorique de la France, contenant
le Catalogue de tous les ouvrages, tant imprimés
que manuscrits, par Jacques le Long. Paris, 1719.
1 vol. in-fol.

HISTOIRE GÉNÉRALE D'ALLEMAGNE.

2422 Hiftoire de l'Empire, par Heiff. Paris, 1711.
5 vol. in-12.

2423 Effai Critique fur l'établiffement & la tranfla-
tion de l'Empire d'Allemagne, par l'Abbé Guyon.
Paris, 1753. in-8.

2424 Mémoires fur la vacance du trone impérial. Les
droits des Électeurs, la capitulation impériale. L'E-
lection, le Serment & le couronnement. &c. . Amft.
1741. in-8. broc.

2425 Tableau de l'Empire Germanique, & du Gouvernement de l'Allemagne. 1741. 2 vol. in-12. broc.

2426 Traité hiftorique de l'Election de l'Empereur,
& des Cérémonies qui s'y obfervent. Amft. 1741.
2 vol. in-12. broc

2427 Vie de Charles V, trad. de Grégorio Leti. Brux.
1715. 4 vol. in-12.

2428 Hiftoire de l'état de la Religion, & de la République, fous Charles V, par Sleidan. 1556. 2
vol. in 8.

2429 Mémoires de la Cour de Vienne. Cologne, 1706.
in-12.

2430 Teftament politique de l'Empereur Léopold. 1707.
1 vol. in-12.

2431 Mémoires du Marquis de Maffey. La Haye,
1740. 2 vol. in-8.

2432 Mémoires de Montecuculi. Strafb. 1735. in-12.

2433 Hiftoire de Geneve, par Spon. Geneve, 1730.
4 vol in-12. fig.

2434 L'Etat & les délices de la Suiffe. Amft. 1730.
4 vol. in-12. fig.

2435 Hiftoire générale & militaire des Suiffes, par
le Baron de Zurlauben. Paris, 1750. 8 vol. in-12.

V

HISTOIRE DES PROVINCES-UNIES.

2436 Les délices de la Hollande , avec l'abrégé de l'Histoire de cette République. *La Haye* , 1710. 2 *vol. in-12. fig.*

2437 Les délices du Brabant , par de Cantillon.. *Amst.* 1757. 4 *vol. in-8.*

2438 L'Etat des Provinces-unies des Pays-Bas, par le Chevalier Temple. *La Haye* , 1674. *in-12.*

2439 Le Hollandois, ou Lettres sur la Hollande ancienne & moderne, par la Barre de Beaumarchais. *Francf.* 1738 *in-8. broc.*

2440 Amusemens de la Hollande. *La Haye* , 1739. *in-12.*

2441 Etat présent de la République des Provinces-unies , par Janiçon. *La Haye* , 1755. 2 *vol. in-12.*

2442 Histoire des guerres de Flandres , de Strada , trad. par Duryer. *Brux.* 1712. 3 *vol. in-12.*

2443 Histoire de Guillaume de Naffau , Prince d'Orange , fondateur de la République de Hollande. par Amelot de la Houffaye. *Lond.* 1754. 2 *volumes in-12.*

2444 Histoire du Stadhoudérat depuis son origine jusqu'à présent , par Raynal. 1750. 2 *vol. in-12.*

2445 Histoire de la réformation des Pays-Bas , trad. de Gérard Brant. *La Haye* , 1726. 3 *vol. in-12.*

2446 Description de la Ville d'Amsterdam , en vers burlesques, par le Jolle. *Amst.* 1666. *in-12.*

2447 Religion des Hollandois. *Par.* 1673. *in-12.*

HISTOIRE D'ESPAGNE ET DE PORTUGAL.

2448 Annales & délices d'Espagne & de Portugal , par Alvarez Colmenar. *La Haye* , 1700. 4 *vol. in-4. grand pap. fig.*

2449 Histoire d'Espagne , trad. de Mariana , par le P. Charenton. *Paris* , 1725. 5 *vol. in-4.*

2450 Histoire d'Espagne , trad. de Ferreras , par M. d'Hermilly. *Paris* , 1742. 10 *vol. in-4. g. p.*

2451 Etat préfent d'Efpagne. *Villefranche*, 1717.
in-12.

2452 Délices d'Efpagne & de Portugal, la Religion
les mœurs des habitans, par Alvarez Colmenar.
Leyde, 1715. 6 *vol. in-12.*

2453 Hiftoire fecrete de Henry IV, Roi de Caftille.
Paris, 1695. *in-12.*

2454 Mémoires de la Cour d'Efpagne, par d'Aulnoy.
Amft. 1716. *in-12.*

2455 Hiftoire du Cardinal Ximenez, par Flechier.
Paris, 1694. 2 *vol. in-12.*

2456 Vie du Cardinal Commendon, trad. d'An. Maria
Gratiani, par Flechier. *Paris*, 1702. 2 *vol. in-12.*

2457 Hiftoire du Cardinal Alberoni, par M. R. *La
Haye*, 1719.
Hiftoire politique & fecrete de la Cour de Ma-
drid. *Col.* 1719. 2 *vol. in-12.*

2458 Teftament politique du Cardinal Alberoni. *Laufanne*, 1754. *in-12.*

2459 Conjuration de Portugal, par Vertot. *Paris*,
1689. *in-12.*

HISTOIRE D'ANGLETERRE.

2460 Délices de la Grande-Bretagne, trad. de James
Brevereel. *Leyde*, 1727. 8 *vol. in-8. fig.*

2461 Introduction à l'Hiftoire d'Anglererre, trad. de
l'Anglois du Chevalier Temple. *Lond.* 1696. *in-12.*

2462 Méthode facile pour apprendre l'Hiftoire d'Angleterre. *Paris*, 1707. *in-12.*

2463 Abrégé de l'Hiftoire d'Angleterre, trad. de l'Ang.
de Higgons. *La Haye*, 1729. *in-8.*

2464 Abrégé de l'Hiftoire d'Angleterre, de Rapin
Thoiras. *La Haye*, 1730. 3 *vol. in-4.*

2465 Abrégé Chronologique de l'Hiftoire d'Angleterre, par (Chevrier) *Amfterd.* 1730. 7 *vol. in-12.*

2466 Hiftoire d'Angleterre, depuis la défcente de Céfar jufqu'en 1748. trad. de l'Anglois de Smolet, par
Targe. *Par.* 1760. 19 *vol. in-12.*

2467 Hiftoire d'Angleterre, depuis Jules Céfar, jufqu'à Henry VII , Maiſon des Plantagenetes. *Amſt.* 1766. 6 *vol. in*-12.

2468 Hiſtoire d'Angleterre, Maiſon de Tudor. *Amſt.* 1767. 6 *vol. in*-12.

2469 Hiſtoire d'Angleterre , Maiſon de Stuart. *Par.* 1769. 6 *vol. in*-12.

2470 Hiſtoire véritable & ſecrete des vies , des regnes , des Rois & Reines d'Angleterre. *Amſt.* 1729. 3 *vol. in*-12.

2471 L'Atlantis de M. Manley , ou Intrigues politiques & amoureuſes de la Nobleſſe d'Angleterre , *Lond.* 1714. 3 *vol. in*-12.

2472 Chronique des Rois d'Angleterre , écrite en Anglois , ſuivant le Style des Hiſtoriens Juifs , par Nathan Ben Saddi , & trad. en Franç. dans le même ſtyle *Lond.* 1743. *in*-8.

2473 Hiſtoire de Guillaume le Conquérant , par l'Abbé Prévot *Paris*, 1742. 2 *vol. in* 12.

2474 Lettres du Chevalier Temple , où ſont découverts pluſieurs ſecrets de la Cour de Charles II. *La Haye* , 1725. *in*-12.

2475 Hiſtoire de Marie Stuart. *Londres* , 1742. 2 *v. in*-12.

2476 Hiſtoire & Martyre de la Reine d'Ecoſſe. *Par.* 1589. *in*-16.

2477 Vie d'Eliſabeth d'Angleterre , trad. de Grégorio Leti. *Amſt.* 2 *vol. in*-12.

2478. Mémoires d'Angleterre , contenant l'Hiſtoire des deux Roſes , ou les différens de la Maiſon d'Yorck & de Lancaſtre. *Amſt.* 1726. *in*-12.

2479 Hiſtoire du Whigiſme & du Thoriſme , par de Cize *Amſt.* 1717. *in*-12.

2480 Diſſertations ſur les Whigs & les Torys , par Thoyras Rapin. *La Haye* , 1717. *in* 12.

2481 Hiſtoire entiere & véritable du Procès de Charles Stuart en 1648. *Londres* , 1650. *in*-12.

2482 Hiſtoire de Olivier Cromwel. *Paris* , 2 *volumes in*-12.

2483 Le même. *Paris* ; 1691. *in*-4.

2484 La Tyrannie heureuſe , ou Cromwel politique

avec ſes artifices, intrigues, &c. par de Galardi. *Leyde*, 1671. *in-12*.

2485 Voyage de Cromwel en l'autre Monde, & ſon retour ſur la terre. *Lond.* 1690. *in-12*.

2486 Anecdotes ſecretes & galantes de la Cour d'Angleterre. *Amſt.* 1727. 2 *vol. in-12*.

2487 Les Conſpirations d'Angleterre, ou hiſtoire des troubles de ce Royanme, depuis 1600 juſqu'en 1679. *Col.* 1680. *in-12*.

2488. Hiſtoire des dernieres révolutions d'Angleterre, par Burnet. *La Haye*, 1727. 4 *vol. in-12*.

2489 Révolutions d'Angleterre, par le Pere d'Orléans. *Holl.* 1719. 4 *tomes*, 3 *vol. in-12. fig.*

2490 Les mêmes *Paris*, 1714. 4 *vol. in* 12.

2491 Nouveaux Mémoires du Chevalier Temple. *La Haye*, 1729. *in-8*.

2492 Hiſtoire de Catherine de France, Reine d'Angleterre. *Paris*, 1696.

La Comteſſe de Château-Briant, ou effets de la jalouſie *Par.* 1695. *in-12*.

2493 Parlamentum pacificum, trad. de l'Anglois. *Lond.* 1688.

Réflexions politiques ſur le même livre. 1638.

Défenſe de Burnet, contre le Livre Parlamentum pacificum. 1688. *in-12*.

2494 Parlamentum pacificum, trad. de l'Anglois. *Lond.* 1688.

Refutation du Parlement pacifique. *Col.* 1688.

L'Eſprit de la France & les Maximes de Louis XIV découvertes à l'Europe *Col.* 1688. *in-12*.

2495 Les Intéréts de l'Angleterre mal entendus dans la guerre préſente, par Dubos. *Amſterdam*, 1704. *in-12*.

2496 Mémoires de la Vie du Duc d'Ormon. *La Haye*, 1737. 2 *vol. in-12*.

2497 Fautes des deux côtés, par rapport à ce qui s'eſt paſſé depuis peu en Angleterre. *Rotterd.* 1711. *in-8*.

2498 Hiſtoire du droit héréditaire de la Couronne de la Grande-Bretagne, &c. *La Haye*, 1714. *in-8*.

2499 Conduite des Cours de la Grande-Bretagne & d'Espagne *Amst.* 1719. *in-12.*

2500 Le Free-Holder , ou l'Anglois jaloux de sa liberté. *Amst.* 1727. *in-12.*

HISTOIRE DES PAYS SEPTENTRIONAUX.

2501 Mémoires de Pologne , depuis 1733 jusqu'en 1737 , par Amand de la Chapelle. *Amsterdam ,* 1739. *in-12.*

2502 La Voix libre du Citoyen , ou Observations sur le Gouvernement de Pologne , 1749. *in-12.*

2503 Histoire des Révolutions de Suede , par Vertot. *Hollande ,* 1695. 2 *vol. in-12. br.*

2504 Histoire de Charles XII , par Voltaire , avec les Critiques de la Mottraye & les Réponses *Basle,* 1737. 2 *vol. in-12.*

2505 Remarques d'un Seigneur Polonnois sur l'histoire de Charles XII de Voltaire. *La Haye ,* 1741. *in-12.*

2506 Mémoires de Christine , Reine de Suede. *Leipsick ,* 1751. 2 *vol. in-4.*

2507 Histoire de Dannemarck , par Mallet. *Lyon ,* 1766. 6 *vol. in-12.*

2508 Actes de la Diete de Suede des années 1755 & 1756. 1756. *in-12.*

2509 Nouveaux Mémoires sur l'état présent de la grande Russie ou Moscovie, par un Allemand, Résident en cette Cour , 2 *vol. in-12.*

2510 Abrégé de l'histoire du Czar Peter Alexiewitz & l'état de la Moscovie. *Paris ,* 1717. *in-12.*

2511 Etat présent de la grande Russie , par Jean Perry. *La Haye ,* 1717.
Voyage en Moscovie, par un Envoyé du Czar Alexis Mihalowics. *Leyde ,* 1688. *in-12.*

2512 Mémoires pour servir à l'histoire de Brandebourg, par le Roi de Prusse. 1751. 2 *vol. in-8.*

2513 Thorn affligée : trad. de l'Allemand de Jablonski, par Beausobre. *Amsterd.* 1726. *in-8. fig.*

HISTOIRE DE L'ASIE, DE L'AFRIQUE ET DE L'AMÉRIQUE.

2515 Etat préfent de la Turquie, des Mœurs, Coutumes des Ottomans, par Michel Febure. *Paris*, 1675. *in-12.*

2516 Scanderberg : Commentaire d'aucunes chofes des Turcs & de George Scanderberg, Prince d'Epirre & d'Albanie, trad. de l'Italien par Guillaume Gaulteron de Cenquoins. *Paris*, 1544. *in-12.*

2517 Hiftoire de l'Empire Ottoman, Maximes & Religion des Turcs, par Briot. *Amfterdam*, 1678. *in-12. fig.*

2518 Mœurs & ufages des Turcs, leur Religion, leur Gouvernement & un abrégé de l'hiftoire Ottomane, par Guer. *Paris*, 1746. 2 *vol. in-4. gr. pap.*

2519 Hiftoire générale des Turcs, contenant l'hiftoire de Chalcondyle, traduit par Blaife de Vigenere & continuée jufqu'en l'an 1612, par Thomas Artus & en cette édition, par Mezeray. *Paris*, 1662. 2 *vol. in-fol. fig.*

2520 Hiftoire de Thamas-Kouli-Kan, ou Hiftoire de la derniere Révolution de Perfe en 1732. *Paris*, 1742. *in-12.*

2521 Hiftoire des deux Conquérans Tartares qui ont fubjugé la Chine, par le P. Jofeph d'Orléans. *Par.* 1688. *in-12.*

2522 Defcription du Royaume de Siam, par de la Loubere. *Amfterdam*, 1714. 2 *vol. in-12. fig.*

2523 Hiftoire des Tatares, tirée du manufcrit Arabe d'Abulgafi-Bajadourchan, &c. *La Haye*, 1726. *in-12.*

2524 Hiftoire de la Révolution de Siam, en 1688, par Vollant des Verquains. *Lille*, 1691. *in-8. fig.*

2525 Voyage de Siam de Tachard & Choify. 3 *tom.* 2 *vol. in-12. fig.*

2526 Hiftoire naturelle, civile & politique du Japon, trad. de l'Allemand d'Engelbert Kœmpfer fur la verfion angloife de J. Gaf. Scheuchzer. *La Haye*, 1732. 3 *vol. in-12. fig.*

2527 L'ambaffade de la Compagnie Orientale des Provinces-Unies vers l'Empereur de la Chine. *Leyde*, 1665. 1 *vol. in-fol. fig.*

2528 Ambaffades mémorables de la Compagnie des Indes Orientales des Provinces-Unies, vers les Empereurs du Japon. *Amfterdam*, 1680. 1 *vol. in-fol. figures.*

2529 Hiftoire naturelle de l'Iflande, du Groenland & du détroit de Davis, trad. de l'Allemand de Anderfon. *Paris*, 1750. 2 tom. 1 *vol. in-12. fig.*

2530 Defcription de l'Afrique, contenant les noms & les confins de toutes fes parties, &c. traduite du Flamand d'O Dapper. *Amfterd.* 1686. *in-fol. fig.*

2531 Idée du Gouvernement-ancien & moderne de l'Egypte, par le Mafcrier. *Paris*, 1743. *in-12.*

2532 Relation de l'Afrique ancienne & moderne, par de la Croix. *Lyon*, 1688. 4 *vol. in-12. fig.*

2533 Defcription de l'Egypte, avec plufieurs Remarques de Géographie ancienne & moderne de ce pays, fur les Mém. de Maillet, par Mafcrier. *Par.* 1735. *in-4. fig.*

2534 Defcription du Cap de Bonne-Efpérance & l'hiftoire des Hottentots, par Kolbe. *Amfter. Trévoux*, 1733. *in-12. fig.*

2535 Hiftoire de la Conquête du Mexique, ou de la Nouvelle Efpagne, trad. de Antoine de Solis, par Citry de la Guette. *Paris*, 1704. 2 *vol. in-12.*

2536 Hiftoire de l'Amérique Septentrionale, par de la Potterie. *Paris*, 1754. 4 *vol in-12. fig.*

2537 Mœurs des Sauvages Américains, par Lafitau. *Paris*, 1724. 4 *vol. in-12. fig.*

2538 Voyage dans l'Amérique, par le P. L. Hennepin, avec la Relation des Caraïbes, par de la Borde. *Amfterdam*, 1704. *in-12. fig.*

2539 Tyrannies & cruautés des Efpagnols aux Indes Occidentales. *Paris*, 1582. *in-12.*

2540 Découverte & Conquête du Pérou, trad. d'Auguftin de Zarate, par de S. D. C. *Amfterd.* 1700. 2 *vol. in-12. fig.*

2541 Hiftoire des Ifles Antilles de l'Amérique habités par

par les François, par le Pere du Tertre. *Paris*, 1671.
3 *vol. in*-4. *fig.*

2542 Histoire de la Virginie. *Par.* 1707. *in*-12.

2543 Histoire de la Conquête des Isles Moluques, trad.
de l'Espagnol d'Argensola. *Amst.* 1706. 3 *v. in*-12. *fig.*

2544 Histoire des Isles Mariannes, par le P. Charles
le Gobien. *Paris*, 1701. *in*-12. *fig.*

PARALIPOMENES HISTORIQUES
DE LA NOBLESSE.

2545 Traité du Ban & arriere-Ban, par la Roque.
Paris, 1676. *in*-12.

2546 Essai sur la Noblesse de France, son origine, &c.
par le Comte de Boullainvilliers, avec des notes
historiq. & politiques, de J. F. T. L. D. P. N. S. Q V.
(Jean-François Tabary, Libraire de Paris, natif de
Saint-Quentin en Vermandois.) *Amsterd.* 1732. *in*-8.

2547 Traité de la Noblesse, par de la Roque. *Rouen*,
1734. *in*-4.

2548 La Science héraldique du Blazon, contenant
l'origine & l'explication des armoiries, &c. *Paris*,
1685. 1 *vol. in*-4.

ANTIQUITÉS.

2549 Dictionnaire des Antiquités Grecques & Romaines, par Barral. *Paris*, 1766. 3 *vol.* 8.

2550 Le Curieux Antiquaire, ou Recueil Géographique & historique des choses les plus remarquables
de cet univers, par P. L. Berkenmeyer. *Leyde*,
1729. 3 *vol. in*-8. *fig.*

2551 L'Histoire des Faux Dieux de l'Antiquité. *La
Haye*, 1717. *in*-12.

2552 Lettres sur l'origine des anciens Dieux ou Rois
d'Egypte. *Paris*, 1712.
Dissertations critiques sur le Paradis perdu de
Milton, par Constantin de Magny. *Paris*, 1729.
in-12.

2553 Histoire des Oracles, par Fontenelle. *Paris*,
1687. *in*-12.

X

2554 Differtation fur les Oracles des Sybilles, par le P. Craffet. *Paris*, 1678. *in-12.*

2555 Réponfe à l'hiftoire des Oracles de Fontenelle, par Baltus. *Strasbourg*, 1707. *in-8.*

2556 Hiftoire Secrete des Veftales. *Par.* 1700. *in-12.*

2557 Gloire & magnificence des Anciens, par Claude Malingre. *Paris*, 1612. *in-8.*

2558 Antiquités Romaines de Denys d'Halicarnaffe, trad. par le Jay. *Paris*, 1722. 2 *vol in-4.*

2559 Les mêmes, trad. par Bellanger. *Paris*, 2 *vol. in-4.*

2560 Hiftoire des grands Chemins de l'Empire Romain, par Nicolas Bergier. *Bruxelles*, 1728. 2 *vol in-4. grand papier.*

2561 Oct. Ferrarius de re veftiaria. *Patavii*, 1642. *in-8.*

2562 Jac. Philip. Tomafius de Tefferis hofpitalitatis. *Amfterd.* 1670. *in-12. figur*

2563 Joannes Alftorphius de lectis & lecticis veterum. *Amfterd.* 1704. *in-12. fig.*

2564 Traités des Feftins, par Muret. *Paris*, 1682. *in-12.*

2565 Cérémonies Funébres de toutes les Nations, par Muret. *Paris*, 1675. *in-12.*

2566 Recueil des Antiquités Etrufques, Grecques & Romaines, par le Comte de Caylus. *Paris*, 1752. 7 *vol in-4. fig.*

2567 Explication de divers monumens qui ont rapport à la Religion des plus anciens peuples, par D. Jacques Martin. *Paris*, 1739. *in-4.*

2568 Antiquités Romaines expliquées dans les Mémoires de M. B **. *La Haye*, 1750. *in-4. fig.*

2569 Defcriptions des Pierres gravées du Baron de Stoch, par l'Abbé Vinckelman. *Florence*, 1760. *in-4.*

2570 Pierres gravées, antiques, deffinées & gravées, par M. l'Evêque de Gravelles. *Paris*, 1732 & 1735. 1 *vol. in-4. fig.*

2571 Introduction à l'hiftoire par la connoiffance des Médailles, par Patin. *Paris*, 1665. *in-12.*

2572 La Science des Médailles, avec des Remarques

hiſtoriques & critiques, par Joubert. *Paris,* 1739.
2 *vol. in*-12.

2573 Explication d'une Médaille d'or de Gallien. *Paris,*
1699. *in-*12.

2574 Le grand Cabinet Romain, ou Recueil d'Antiquités Romaines, &c. par Michel Ange de la Chauſſe.
Amſterdam, 1706. 1 *vol. in-fol. fig.*

HISTOIRE LITTÉRAIRE ET BIBLIOGRAPHIE.

2575 Hiſtoire & Mémoires de l'Académie des Inſcrip-
tions & Belles-Lettres. *Paris, Imprim. Royal.* 30 *vol.*
in-4.

2576 Hiſtoire Littéraire de la France, par les RR. PP.
Bénédictins. *Paris,* 1733. & *ſuiv.* 11 *vol. in*-4.

2577 Diſſertations hiſtoriques ſur divers ſujets. *Amſt.*
1708.
Vindiciæ veterum ſcriptorum, contra Harduinum.
Rotterd. 1708. 2 *vol. in*-12.

2578 Philippi Labbe : Bibliotheca Bibliothecarum &
Bibliotheca nummaria. *Paris,* 1664. *in*-12.

2579 Bibliographie inſtructive, ou Traité de la connoiſſance des Livres rares & ſinguliers, par Guil.
François de Bure. *Paris,* 1763. 4 *vol. in* 8.

2580 Conſeil pour former une Bibliothéque peu nom-
breuſe mais choiſie, par Formey, avec l'introduction à l'étude des Sciences & Belles Lettres de la
Martiniere. *Berlin,* 1756. *in*-8.

2581 Jugemens des Sçavans ſur les principaux Ouvrages des Auteurs, par Baillet. Edition donnée par de la
Monnoye. *Paris,* 1722. 8 *vol. in*-4.

2582 Auteurs Déguiſés, par Baillet. *Paris,* 1690.
in-12.

2583 Bibliotheque de Bourgogne, par Papillon. *Dijon,*
1745. *in-fol.*

2584 Mémoires de Critiq. & de Littérature, par l'Abbé
d'Artigni. *Paris,* 1749. 3 *vol. in* 12.

2585 Bibliothéque choiſie, où l'on fait connoître les
bons Livres en divers genres de littérature. *Amſt.*
1714. *in*-12.

2586 Bibliothéque Univerfelle , par Jean le Clerc. *Amfterdam*, 1686. 25 *vol. in-*12.

2587 Bibliothéque choifie , par le Clerc. *Amfterdam*, 1703. 13 *vol. in-*12.

2588 Defcription du Parnaffe François , exécuté en Bronze , &c. par M. Du Tillet. *Paris* , 1727. *in-*12.

CATALOGUES DES LIVRES DE MM.

2590 (Alphonfe ,) *Barrois* , *in* 8.

2591 Bernard Couet, *Barrois*, 1737. *in-*12.

2592 Boiffier, 1725. 2 *vol. in-*12.

2593 Bonneau , *Damonneville*, 1754. *in-*8.

2594 Bouret, *Boudot*, 1735. *in-*12.

2595 Bourfier , *Muffier fils* , 1761. *in-*8.

2596 Bucquet , *Muffier fils* , 1767. *in-*8.

2597 Cangé , *Guerin* , 1733. *in-*12.

2598 Coquelet , *Bauche*, *Couftellier* , 1754. *in-*8.

2599 Crozat de Tugny. *Boudot* , 1751. *in-*8. *table.*

2600 M. (d'Argenfon ,) *Damonneville*, 1755. *in-*8.

2601 D'Efclimont , de Bullion, *Barrois* , *in-*8.

2602 M. de Dudoyer, *Merigot fils* , 1763. *in-*8. *table.*

2603 Gacfq de la Lande , *Martin* , 1756. *in-*8. *table.*

2604 Girardot de Prefond , *Guil. Fran. de Bure*, 1752. *in-*8.

2605 Giraud de Moucy, *Barrois*, 1753. *in-*8. *table.*

2606 Hovm , *Martin*, 1738. *in-*8. *table.*

2607 Ifenghien, (le Maréc. d') *Martin* , 1756. *in-*8.

2608 La Marck , (le Comte de) *Damonneville*, 1751. *in-*8.

2609 M. (de Pont Carré ,) *Piffot*, 1758. *in-*8.

2610 Reffuges , *Muffier fils* , 1767. *in-*8.

2611 Rothelin , *Martin*, 1746. *in-*8. *table.*

2612 Rouillé , *Prevoft* , 1763. *in-*8.

2613 Senicourt , *Muffier fils* , 1766. *in-*8.

2614 Verrue , (Comteffe de) *Martin* , 1733. *in-*8.

2615 Liaffe d'environ cinquante à foixante autres Catalogues de Livres , *in-*8. & *in-*12.

VIES DES HOMMES ILLUSTRES.

2616 Images des Héros & des grands Hommes de l'Antiquité deffinées d'après les monumens anciens, par Jean-Ange Canini, gravées par B. Picart. *Amst.* 1731. *in-4. fig.*

2617 Œuvres de Plutarque, histoire des Hommes illuftres & Œuvres morales, trad. par Amyot. *Paris*, 1645. 4 *vol. in-fol.*

2618 Les Vies des Hommes illuftres, trad. de Plutarque par Dacier. *Amfterdam*, 1725.

Vies des Hommes illuftres obmifes par Plutarque, trad. de l'Anglois de Rouve, par Bellanger. *Amfterdam*, 1734.

Hiftoire de Scipion l'Afriquain & d'Epaminondas, par l'Abbé Seran de la Tour. *Paris*, 1752. 11 *volum. in-12. v. dor. fur tran. fil. fur plat.*

2619 Les mêmes. *Paris*, 1762. 14 *vol. in-12.*

2620 Caracteres de la fageffe payenne dans la Vie des fept Sages de la Grece, par Gueret. *Paris*, 1662. *in-12.*

2621 Abrégé des Vies des anciens Philofophes & de leurs plus belles Maximes, par D. F. (de Fénélon.) *Paris*, 1726. *in 12.*

2622 Vies des plus anciens Philofophes de l'Antiquité, leurs Dogmes, leurs Syftémes, leur Morale, trad. de Diogénes Laerce ; la Vie & morale de Confucius, & la Vie des Femmes Philofophes de l'Antiquité. *Amfterdam*, 1758. 3 *vol. in-12. fig.*

2623 Vie des grands Capitaines Grecs & Romains. *Paris*, 1729. *in-12.*

2624 Eloges des Hommes favans, tirés de l'hiftoire de De Thou, avec des additions par Ant. Teiffier. *Leyde*, 1715. 4 *vol. in-8.*

2624 * Portraits des Hommes illuftres François, peints dans la galerie de Richelieu, & un Abrégé de leurs Vies, par Vulfon de la Colombierre. *Paris*, 1669. *in 12.*

2625 Hommes illuftres de France, du XVII fiecle, par Perrault. *Hollande*, 1701. *in-12.*

2626 Les mêmes, avec leurs portraits. *Paris*, 1696. *in-fol. gr. pap.*

2627 Histoire des Hommes illustres de la Maison de Médicis *Paris*, 1564. *in-4.*

2628 Entretiens sur les Vies & les Ouvrages des plus fameux Peintres, Architectes, anciens & modernes, par Felibien. *Londres*, 1705. 4 *vol. in-12.*

2629 Les mêmes. *Amsterd* 1706. 6 *vol. in-12.*

2630 Abrégé de la Vie des Peintres, des Réflexions sur leurs Ouvrages, & un Traité du Peintre parfait, de la connoissance des Desseins & Estampes, par de Piles. *Paris*, 1699. *in-12.*

2631 Description des Tableaux du Palais Royal, avec la Vie des Peintres. *Paris*, 1727. *in-12.*

2632 Histoire des Peintres Espagnols, trad. de Palamino Velasco. *Paris*, 1749. *in-12.*

2633 Les Imposteurs insignes, ou Histoire de plusieurs hommes de néant qui ont usurpé les qualités d'Empereurs, Rois, Princes, par de Rocoles. *Amsterd.* 1699. *in-12. fig.*

2634 Inventaire général de l'histoire des Larrons, par F. D. C. *Paris*, 1624. 2 *vol. in-8.*

2635 Histoire des Larrons. *Rouen*, 1657. *in-12.*

2636 La Vie de Pierre Abeillard & d'Héloïse. *Paris*, 1720. 2 *vol. in-12.*

2637 Vie d'Eme de Bouchardon. *Paris*, 1762. *in-12. broché.*

2638 La Vie de l'Abbé de Choisy. *Lausanne*, 1742. *in-8.*

2639 Histoire d'Epaminondas, par l'Abbé de Seran. *Paris*, 1734. *in-12.*

2640 Vie d'Epictete, caractere d'Epictete, Tableau de Cebes, discours sur la destinée des ames, discours sur la tranquillité des ames, Dialogues de l'Empereur Adrien & d'Epictete. *Trévoux*, 1700. *in-12.*

2641 Histoire d'Erasme, sa Vie, sa mort, sa Religion, par de la Bizardiere. *Paris*, 1721. *in 12.*

2642 Vie de Fénélon, par Ramsay. *La Haye*, 1723. *in-12.*

2643 Le Courtisan prédestiné, ou la Vie du Duc de

Joyeuſe, par de Callieres. *Paris*, 1682. *in*-12.

2644 Eloge de Sebaſtien le Clerc, par Vallemont, *in*-12.

2645 Vie de Mahomet, par Prideaux. *Amſterd.* 1698. *in*-8.

2646 Vie de Mahomet, trad. & compilée de l'Alcoran, par Jean Gagnier. *Amſterdam*, 1732. 2 *vol. in*-12.

2647 Vie de François Eudes de Mezeray. *Amſterdam*, 1726.

Poéſies de Sanlecque. *Harlem*, 1726. *in*-12.

2648 Mémoires de la famille de Madame du Noyer. *La Haye*, 1710. *in*-12.

2649 Petri Rami vita, autore Thom. Freigio, *in*-4.

2650 Vie d'Edmond Richer, par Baillet. *Liege*, 1714. *in*-12.

2651 Vie de Charles de Saint-Denis, Sieur de Saint-Evremond. *La Haye*, 1711. *in*-12.

2652 Mémoires hiſtoriques de la Vie de J. Aug. de Thou. *Amſterd.* 1713. *in*-12. *fig.*

2653 La même, *in*-4.

EXTRAITS ET DICTIONNAIRES HISTORIQUES.

2654 Valere Maxime. *Paris*, 1665. 2 *vol. in*-12.

2655 Le Cabinet hiſtorique, ou Hiſtoires véritables, avec les moralités. *Paris*, 1668. *in*-8.

2656 Recherches Politiques & Curieuſes, tirées de l'Hiſtoire ancienne & moderne. *Amſterdam*, 1669. *in*-12.

2657 Hiſtoires Tragiques, extraites de Bandel, & miſes en François par Boiſtuau & Belleforets. *Paris*, 1582. *in*-16. *maroq.*

2658 Hiſtoires Prodigieuſes, extraites de pluſieurs Auteurs Grecs, Latins, ſacrés & profanes, par Boiſtuau, Bandel, Belleforets, &c. *Par.* 1598. 3 *vol. en* 2 *tom. in*-12.

2659 Hiſtoires Tragiques, tirées de Bandel, par Boiſtuau & Belleforets. *Rouen*, 1603. 7 *vol. in*-12. *mar.*

2660 Les Hiſtoires Tragiques de notre tems, par Roſſet. *Rouen*, 1700. *in*-12.

2661 Recueil choisi des plus beaux traits d'Histoire, des Anciens & des Modernes. *Par.* 1693. *in-12.*

2662 Essais sur les grands Evénemens par les petites Causes. *Paris*, 1758 & 1759. *2 vol. in-12.*

2663 Le Magasin des événemens passés, présens & futurs, 1741. *in-12.*

2664 Mémoires Historiques, Politiques, Critiques & Littéraires, de Amelot de la Houssaye. *La Haye,* 1731. *3 vol. in-12.*

2665 Le grand Dictionnaire Historique, ou Mélange curieux de l'Histoire sacrée & profane, &c. par Moreri. *Paris*, 1728. *5 vol. in-fol.*

2666 Remarques critiques sur le Dictionnaire de Moreri de 1704. *Rotterdam*, 1706. *in-12.*

2667 Dictionnaire Historique portatif des grands Hommes, par l'Abbé Ladvocat. *Paris*, 1760. *2 vol. in-8.*

2668 Dictionnaire Historique, Critique & Littéraire, de Prosper Marchand. *La Haye*, 1760. *2 vol. in-fol.*

Lu & approuvé le 10 Juillet 1769.

Signé P. Fr. DIDOT le Jeune, *Adjoint.*

De l'Imprimerie de P. ALEX. LE PRIEUR,
rue S. Jacques.

9 782329 138985